아름다운 세 언어,
동아시아 도덕경

美丽的三种语言　东亚道德经
美しい三つの言語、東アジアのタオ

아름다운 세 언어,
동아시아 도덕경

美丽的三种语言 东亚道德经 一 美しい三つの言語、東アジアのタオ

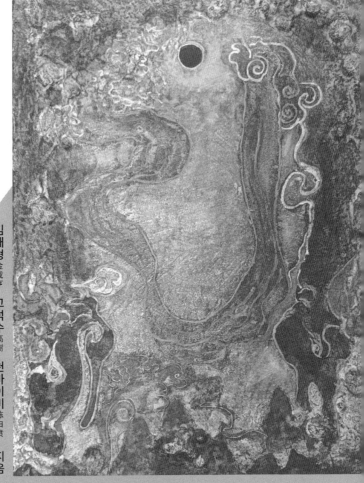

김재형金載亨
고석수高樹
천바이비陈白贲 지음

돌옷 모시는사람들

바다 건너 그대에게

제주 앞 바다에 서서 저 남쪽을 바라본다. 우리가 그렇게 뻔질나게 다니던 해외는 이제 꿈같은 일이다. 바다를 단돈 5만 원에 건너 다니던 그 시절. 나는 귀농하려고 했는데 어쩌다 보니 대만과 일본과 중국에서 살았다. 귀농하려던 시골에는 애시당초 꼰대들에게 점령당한 것 같았다. 왜 왔냐라는 의문 또는, 이걸 해야된다는 의무들 투성이었다. 이럴바에, 에잇. 그래서 나는 바다를 건너 갔다. 2014년 4월 16일에는 바다에 아이들이 가라앉았다. 그게 전부 내 탓 같았다. 아니 한국 탓 같았다. 일단 헬조선을 벗어나서 배우자, 전부 버리고 새롭게 배우자.

돌이켜보니 그 마음은 조바심 같다. 바다 건너 나는 대만의 친구들과 어울렸다. 대만은 당시 해바라기 운동이 한창이었다. 청년들이 국회를 점거했다. 비핵화 선포와 동성애 결혼 입법이 한창이었다. 새로운 희망에 불타는 동지들이 여기 있는 것 같았다. 그 친구들에게 더듬더듬 용기내어 말을 건넸다. 나는 세상이 왜 이렇게 힘든지, 우리는 어떻게 살아가고 싶은지 진지하게 토론하고 싶었다. 그러나 돌아오는 대답은 이랬다. "별에서 온 그대, 너무 재밌게 봤어. 너도 아이돌 좋아하니?" 허탈했다. 그래서 주역과 도덕경을 붙잡고 무겁게 주제를 잡고 싶었는지 모르겠다. 그러면 내가 원하는 토론을 할 수 있었다. 대만 친구들은 사실 밝고 순수했는데- 나는 괜시리 어두운 이야기만 진창하고는 내 조바심을 해결했는지 모르겠다.

그렇게 6년을 보냈다. 조바심은 불안, 책임감이 되어 어깨를 짓눌렀다. 일본 산 속에는 히피 친구들이 많았다. 그 친구들은 삼나무 숲에서 하루 왠종일 기타치고 평화를 노래하고 있었다. 그리고 하루종일 분노했다. 도쿄의 삶은 끝이다, 미국의 지배를 받고 있다, 후쿠시마 이후에 우리는 무엇을 해야하는가. 이 문명은 끝이 났다. 새로운 문명이 필요하다. 그토록 바라던 무거운 주제를 얘기할 때. 정작 나는 무서웠다. 내가 뭘 할 수 있을까. 짓눌린 어깨가 괜시리 움츠러들었다. 일본 친구들은 그렇게 평화와 삶을 노래하는데, 내 삶은 무거워져만 가는 것 같았다.

그래서인지 많이 아팠다. 한,중,일 통역을 더 열심히 했다. 이게 평화를 위하는 길이고, 세상에 분노하는 길이고, 아이들을 구할 사회를 만드는 길이라고 굳게 최면을 걸면서. 통역은 나처럼 어중이 떠중이가 하기에는 몸에 많은 긴장을 요했다. 내로라하는 한국, 일본, 중국, 대만의 사상가를 만나 통역을 할 때면, 더듬거리는 실력

이 들킬까 걱정했다. 사실 나는 취직이 무서워서 도망온 중산층 가정의 대졸자인데, 마치 대단한 평화활동가인 척 가면을 쓰는 듯 했다. 항상 긴장했고 어깨가 무거웠다. 긴장한 몸은 두통과 소화불량으로 이어졌다. 산 속에서 평화로운 삶을 사는 듯 했지만, 불면증과 설사에 시달리는 밤들이 시작되었다.

그제야 도덕경의 글들이 눈에 들어왔다. "하지 않는게 얼마나 중요한지 알고 있니" "꿈은 쫓는게 아니라 씨앗마냥 묻어두고, 일단 몸을 챙겨야 해" "목소리를 크게 하는 사람은 사실 거짓말을 하고 있는거야" 등등. 그렇게 그 말들을 마음에 붙잡으며 비틀비틀 일어났다. 그즈음 코로나가 시작되었고, 정말 아무 것도 안해야 되는 세상이 온 듯했다.

"가만히 있어라" 내 귓가에는 환청처럼 이 소리가 울려퍼진다. 아마 대한민국에 살고 있는 많은 친구들의 가슴에는 이 말이 모순처럼 퍼지고 있을지도 모른다. 그래서 좋은 대학에 가고, 좋은 직장을 구하고, 좋은 집을 구하고, 그런 삶을 버리라는 걸까. 아니면 이 몸을 던져 헌신할, 이제는 없는 사회 운동의 영역을 비집고 찾아들어가라는 걸까. 아니면 이제 2030년이 되면 지구는 끝나고, 남은 시간을 위해서라도 우리는 소확행을 하면 되는걸까.

정말 모르겠다. 다만 간신히 답을 찾으면서 걸어가고 있다. 같이 걷고 있는 친구들 덕분이다. 코로나의 시작 2020년, 친구들과 강화도에서 제주도까지 걸어갔다. 다함께 길에서 노숙하고, 구걸하고, 쓰레기를 뒤지면서 살았다. 그럼에도 우리는 불안하지 않았다. 매일같이 이야기 나누면서 걸었던게 전부였지만 말이다.

그때 친구들과 도덕경을 함께 소리내 읽었다. 지금 내 마음과 지금 이 사회와 지금 이 세계와 지금 이 우주와, 우리가 건강하게 사는 방법은 무엇일까. 열심히 떠들었다. 그제서야 좀 알았다. 같이 말하면 불안하지 않구나. 이 친구들에게 믿고 맡기는 감각이 생겨났다. 혼자서 조바심내고 공포심을 내던 때와 달랐다. 팔, 다리가 걷고 있는 것을 믿으면 머리는 그냥 내맡기면 된다. 믿고 안심하는게 그 역할이다. 이게 그렇게 노자가 도덕경으로 부르짖던 무無의 개념과 우리 시대가 공명하는 지점이 아닐까.

그래서 이 책은 누구보다 친구들에게 건네고 싶다. 나처럼 마음의 불안을 안고 살아가는 친구들과 함께 읽고 싶다. 분명 돈을 버는 게 답은 아닌 것 같은데, 내가 이렇게 불안한게 전부 나 때문인 것은 아니고, 그렇다고 전부 세상 때문은 아닐텐데. 내가 바꿔야 되나 바꾸어야 되나 의문을 품는 친구들. 뭔가 복잡하게 얽혀서 내 몸과 마음을 짓누르고 있다는 것을 감각하는 친구들. 그들에게 이 책을 건

네고 싶다. 기왕이면 한자로 된 책이니까 한자를 읽을 수 있는 친구들이면 모두 같이 읽고 싶다. 특히나 이 근처에 사는 우리들이 느끼는 감각은 이미 국가를 초월해서 맞닿아 있다. 그래서 이 책은 세 언어로 썼다. 한국, 일본, 대만, 중국. 바다 건너에서 살아가고 있는 그대들에게 보내고 싶다.

이 책이 나오기까지 감사드릴 분들이 많다. 재형님은 동아시아 인문 활동가를 자청하며 살아오셨다. 도덕경의 해석을 써주시고, 동아시아 공동체 개념을 잡아주셨다. 사실 도덕경은 두 권의 책이라며, 한 권은 노자가 쓴 원문, 한 권은 읽는 순간에 나타나는 책이라고. 동아시아의 책은 함께 읽는 순간에 함께 만드는 일종의 공동체와 같다는 개념을 나누어주셨다. 바이비白贲 시인은 책에 시적 운율을 선물해 주었다. 도덕경은 중국 남방문화에 깊숙히 스며들어 있다. 남방문화를 연구하며 산 속에서 살고 있는 그의 입가에서 퍼지던 운율이 이 책에 스며들었다. 그리고 그의 작품이 책의 표지를 완성해주었다. 표지 그림 [현빈의 문]에 대한 이야기가 책의 맨뒷편 에필로그에 실려있다. 더욱이 많은 동아시아 시민들이 책의 교정을 도와주셨다. 김연숙님이 일본어 본문을 손봐주셨고, 김진희, 염성원님이 일본어 한자 발음을 같이 달아주셨다. 김은주님은 중국어 부분의 중간 역할을 많이 해주셨다. 중국 삼생곡 공동체三生谷生态村에서 늘 도덕경을 같이 읽어준 신통心桐, 하이차오海潮에게도 감

사를 전한다. 중국 윈난 따리大理에 사는 인이殷毅도 중국어 발음을 교정해주었다. 일본 미야자키에 사는 켄조山口賢三도 일본어 번역을 도와주웠다. 모시는사람들의 조영준 님은 세 언어로 된 다소 난해한 편집을 해주셨다. 함께 생활하는 길멍 친구들, 강정 친구들에게도 감사를 전한다. 끝으로 본문 교정과 서문 작업을 함께하고 용기를 준 해밀에게 감사를 전한다. 용기가 없었으면 이 책은 정말 나오지 못했을 것이다.

다시 바다에 서서 수평선을 바라본다. 우리에게 어떤 미래가 올까? 답은 정말 알 수 없다. 현대 물리학에 기대어 말해도 정말 예측할 수 없다. 심지어 지금도 측정할 수 없다고 한다. 도덕경은 현대 물리학과 잘 공명한다. 그래서 책의 첫 장이 도가도 비상도道可道非常道이다. 그러니까 지금 사람을 만나기도 어려운 시대에 이렇게 같이 모여 읽는 책을 내본다. 이 책이 작은 장난감마냥 우리가 즐겁게 가지고 놀 수 있기를 바란다. 그리고 다시 저 바다 너머 친구들과 깊이 이어지면 좋겠다.

제주도 강정 앞바다에서
저자들을 대표하여 고석수

아름다운 세 언어, 동아시아 도덕경

I
有無相生
1장~3장

현(玄), 삶의 양면성과
무한성을 보는 눈

玄, 看一体性的眼光

玄, 非二元性と無限性を見る目

1

道 可 道, 非 常 道, 名 可 名, 非 常 名. 無, 名 天 地
도 가 도　비 상 도　명 가 명　비 상 명　무　명 천 지
dào kě dào　fēi cháng dào　míng kě míng　fēi cháng míng　wú　míng tiān dì
どう か どう　ひ じょう どう　めい か めい　ひ じょう めい　む　めい てん ち

之 始, 有, 名 萬 物 之 母. 故 常 無, 欲 以 觀 其 妙, 常
지 시　유　명 만 물 지 모　고 상 무　욕 이 관 기 묘　상
zhī shǐ　yǒu　míng wàn wù zhī mǔ　gù cháng wú　yù yǐ guān qí miào　cháng
し し　ゆう　めい ばん ぶつ し ぼ　こ じょう む　よく い かん き みょう　じょう

有, 欲 以 觀 其 徼. 此 兩 者, 同 出 而 異 名. 同 謂 之 玄.
유　욕 이 관 기 요　차 양 자　동 출 이 이 명　동 위 지 현
yǒu　yù yǐ guān qí jiǎo　cǐ liǎng zhě　tóng chū ér yì míng　tóng wèi zhī xuán
ゆう　よく い かん き ぎょう　し りょう しゃ　どう しゅつ じ い めい　どう い し げん

玄 之 又 玄, 衆 妙 之 門.
현 지 우 현　중 묘 지 문
xuán zhī yòu xuán　zhòng miào zhī mén
げん し ゆう げん　しゅう みょう し もん

도가 무엇인지 그것을 바르게 정의定義합시다(道可道). 그러나, 도가 바뀌지 않는다고 생각해선 안 됩니다(非常道). 정명正名, 이름을 바르게 부릅시다(名可名). 그러나, 내가 부르는 이름이 변하지 않을 거라고 생각해선 안 됩니다(非常名). 도道와 명名은 시간과 장소의 조건과 상황을 반영합니다.

'무無'에서 하늘과 땅이 시작됩니다. '유有'는 어머니처럼 세상 만물을 낳습니다. '무無'를 자세히 보면 드러나지 않은 미세한 기운이 보입니다. '유有'를 자세히 보면 '무無'와 만물이 어떻게 이어져 있는지 보입니다. 세상이 시작된 첫 마음(無, 天地之始)과

세상 만물(有, 萬物之母)은 다른 것이 아니라, 양자 얽힘(quantum emtanglement)으로 이어진 하나입니다.

그러나, 보이기는 다른 것으로 보이고, 이름도 무無와 유有라고 다르게 씁니다. 다르면서도 같은 것을 '현玄'이라고 합니다. 다르면서도 같은 것을 보는 눈, 삶의 양면성을 보는 눈이 '현玄의 신비(玄之又玄)'입니다.

우리 이제 이 신비로움의 문(衆妙之門)으로 들어가 봅시다.

让我们定义什么是道, 但是, 不能认为道是固定不变的. 让我们为道正名, 但是, 不能认为名是固定不变的(我们所谈论的"道"和"名"只是反映了某些条件和状态).

天地是由"无"开始的. "有"如母亲产出世间万物. 让我们来冥想道. 当心守在"无"的状态中, 逐渐生发了一种不曾显露的幽微气息 当心守在"有"的状态中, 就会发现它与万物相连的边界, 再次和"无"相连在一起. 世界开始的第一颗心, 和万物不是分开的, 而是相连的同一体.

但是他们看起来不一样, 名字也不一样, 被分别称呼为"无"和"有." 不同但相同的这一个整体之物, 叫做"玄." 可以体察到这种一体性的眼睛, 叫玄之又玄.

让我们走进这神秘的门吧.

道(タオ)が何なのかそれを正しく定義しましょう(道可道)。しかし、タオが変わらないと考えてはいけません(非常道)。正名、名を正しく呼びましょう(名可名)。しかし、私

の呼ぶ名が変わらないと思ってはいけません(非常名)。道と名はある条件と状況を反映しています。

"無"から空と地が始まります。"有"は母のように世の中の万物を生みます。"無"をよく見ると、現れない微細な機運が見えます。有を詳しく見ると、"無"と"万物"がどのようにつながっているかが見えます。世の中が始まった初心[無、天地之始]と世の中の万物[有、万物之母]は違うのではなく、お互いに量子もつれ(quantum entanglement)で繋がった一つです。

しかし、見えることは違うと思われ、名も無と有と違うように書きます。違うけど同じのを玄(ゲン)と言います違いながらも同じものを見る目、生命の非二元性を見る目が玄の神秘[玄之又玄]です。

皆さん、この神秘の門を開けてみましょう(衆妙之門)。

2

天 下 皆 知 美 之 爲 美 ，
천 하 개 지 미 지 위 미
tiān xià jiē zhī měi zhī wéi měi
てん か かい ち び し い び

斯 惡 已.
사 오 이
sī è yǐ
し あく い

皆 知 善 之 爲 善 ，
개 지 선 지 위 선
jiē zhī shàn zhī wéi shàn
かい ち ぜん し い ぜん

斯 不 善
사 불 선
sī bù shàn
し ふ ぜん

已.
이
yǐ
い

故 有 無 相 生 ，
고 유 무 상 생
gù yǒu wú xiàng shēng
こ ゆう む そう しょう

難 易 相 成 ，
난 이 상 성
nán yì xiàng chéng
なん い そう せい

長 短 相 較 ，
장 단 상 교
cháng duǎn xiàng jiào
ちょう たん そう かく

高 下
고 하
gāo xià
こう げ

相 傾 ，
상 경
xiàng qīng
そう けい

音 聲 相 和 ，
음 성 상 화
yīn shēng xiàng hé
おん せい そう わ

前 後 相 隨.
전 후 상 수
qián hòu xiàng suí
ぜん ご そう ずい

是 以 聖 人 處 無 爲
시 이 성 인 처 무 위
shì yǐ shèng rén chǔ wú wéi
ぜ い せい じん しょ む い

之 事 ，
지 사
zhī shì
し じ

行 不 言 之 教 ，
행 불 언 지 교
xíng bù yán zhī jiào
こう ふ げん し きょう

萬 物 作 焉 而 不 辭 ，
만 물 작 언 이 불 사
wàn wù zùo yān er bù cí
ばん ぶつ さく えん じ ふ じ

生 而 不 有 ，
생 이 불 유
shēng er bù yǒu
せい じ ふ ゆう

爲
위
wéi
い

而 不 恃 ，
이 불 시
er bù shì
じ ふ し

功 成 而 弗 居 ，
공 성 이 불 거
gōng chéng er fú jū
こう せい じ ぶつ きょ

夫 唯 弗 居 ，
부 유 불 거
fū wéi fú jū
ふ ゆい ふつ きょ

是 以 不 去.
시 이 불 거
shì yǐ bù qù
ぜ い ふ きょ

사람들은 아름다움이 무언지 압니다. 또 무엇이 좋은지도 알 수
있습니다. 이렇게 아름답고 좋은 것을 알기 위해서는 추한 것과
나쁜 것이 전제되어 있어야 합니다.

세상 모든 것이 다 이렇습니다. 유有와 무無가 다른 것이 아니라
서로 생명력을 주고 받습니다. 복잡하고 어려운(難) 것은 쉽게
(易) 쓸 수 있어야 완성된 것입니다. 길고 짧은 것도 서로 대봐야
압니다. 높고 낮은 것도 서로 기대고 있습니다. 말한 걸(音) 들어

주는(聲) 사람이 있어야 소통(和)이 됩니다. 앞은 뒤를 따르고 뒤는 앞을 따르며 서로 따라가고 있습니다.

그래서 삶의 신비로움과 양면성을 이해하는 성인들은 일을 이루고자 할 때 무위無爲를 사용합니다. 누군가를 가르치고자 할 때 말하지 않고 행동으로 보여줍니다. 무슨 일이 일어나든, 원하지 않는 일이라도 이유가 있다는 것을 알고 받아들입니다. 이렇게 하면 많은 것을 이루게 됩니다.

그러나, 그는 그 열매를 가지려 하지 않습니다. 기대지도 않고, 그 자리에 남아 있지도 않습니다. 머무르지 않아야 그동안 애써서 이룬 것들이 사라지지 않습니다.

人人都知道什么是美, 什么是善, 为了理解美和善, 需要以丑和恶为前提.(两面具有合一性, 他们之间相辅相成, 互相合作, 共同完成, 共同传递着生命力量, 形成一个叫做"玄"之生命整体.)

世上一切都是这样的. 复杂而难懂的东西, 只有简易使用, 才能完成的. 长而短的东西也要互相比较. 高低不同的东西相互相依的, 声音要有听众才能相互沟通前和后彼此互相追随着前进.

所以, 圣人他在成就事情的时候, 会使用无为. 他想教某人的时候, 不会用说话, 会用行动表现. 万物纷呈在前, 不管显现任何状况, 不管是不是自己愿意的, 圣人都知道事出有因, 接受它, 不会加以自己的倾向. 这样做自然会无形中会创造实

现很多东西，但圣人不将这些东西认为是自己拥有的. 圣人被动的积极地参与任何事务，却不会依靠这些作为来借此立足.

圣人推动他要做的事情走向了成功，但是却不归于自己的功劳，人们也看不到他的功劳. 正因为谁也看不到，之前努力实现的成果才不会消失.

人は美しさとは何か分かります。また、何が良いのかも分かります。このように美しく良いことを知るためには、醜いものと悪いことが前提となっていなければなりません。

世の中のすべてがこうです。有と無が異なるのではなく、互いに生命力を交わします。複雑で難しいことは簡単で易しく書けてこそ完成されたものです。長くて短いものもお互い合わせてみなければわかりません。高くて低いこともお互いに頼っています。言ったことを聞いてくれる人がいればお互いが通じます(和)。前は後ろについて、後ろは前に従いながらお互いについていっています。そこでイノチの神秘と非二元性を理解する聖人たちは仕事を成し遂げようとするとき、無為を使います。誰かを教えようとする時、言葉によらずに行動で見せます。何が起きようと願わないことでも理由があるということを知って受け入れます。こうすれば多くのことが成し遂げられます。

しかし、彼はその成果を自分のものにしようとしません。どこにも頼らず、その場に止まりません。その場所に止まらずしてこそその間努力して成し遂げたものは消えません。

3

不 尚 賢,　使 民 不 爭.　不 貴 難 得 之 貨,　使 民 不 爲 盜.
불 상 현　사 민 부 쟁　불 귀 난 득 지 화　사 민 불 위 도
bù shàng xián　shǐ mín bù zhēng　bù guì nán dé zhī huò　shǐ mín bù wéi dào
ふ しょう けん　し みん ふ そう　ふ き なん とく し か　し みん ふ い とう

不 見 可 欲,　使 民 心 不 亂.　是 以 聖 人 之 治,　虛 其 心,　實
불 견 가 욕　사 민 심 불 란　시 이 성 인 지 치　허 기 심　실
bù jiàn kě yù　shǐ mín xīn bù luàn　shì yǐ shèng rén zhī zhì　xū qí xīn　shí
ふ けん か よく　し みんしん ふ らん　ぜ い せい じん し ち　きょ き しん　じつ

其 腹,　弱 其 志,　强 其 骨.　常 使 民 無 知 無 欲.　使 夫 智 者
기 복　약 기 지　강 기 골　상 사 민 무 지 무 욕　사 부 지 자
qí fù　ruò qí zhì　qiáng qí gǔ　cháng shǐ mín wú zhī wú yù　shǐ fū zhì zhě
き ふく　じゃく き し　きょう き こつ　じょう し みん む ち む よく　し ふ ち しゃ

不 敢 爲 也.　爲 無 爲,　則 無 不 治.
불 감 위 야　위 무 위　즉 무 불 치
bù gǎn wéi yě　wéi wú wéi　zé wú bù zhì
ふ かん い や　い む い　そく む ふ ち

(이렇게 하지 않고 자기가 이룬 것을 가지려고 하면 위험해집니다.)

그가 지혜롭고 현명하더라도 지나치게 높여서는 안 됩니다. 쉽게 구할 수 없는 것을 지나치게 귀하게 다뤄선 안 됩니다. 잘못하면 시기심으로 서로 싸우게 하고 도둑이 되게 합니다. 보지 않으면 마음이 흔들리지도 않습니다.

그래서 삶의 양면을 이해하는 성인은 이렇게 말합니다. "좋은 일을 하고 싶은 마음의 이상은 조금 줄이세요(虛其心, 弱其志). 밥을 먹고 몸을 건강하게 하며 자기를 보호하는 현실적인 일들은 조금 더 마음을 쓰세요(實其腹,强其骨)."

이렇게 하면 이상에 사로잡히지 않고 욕심도 줄일 수 있습니다. 세상을 변화시키겠다며 앞에 나서는 마음도 잡아 두는 게 좋습니다. 지나친 이상주의에 사로잡히지 말고, 무위無爲의 마음으로 현실과 이상을 조화시킬 수 있어야 세상이 안정됩니다.

(如果不这样做, 拥有着自己实现的东西, 个人和世界都会变得危险.)

即使他是智慧而显明的, 不要过高抬举他, 以防止人生出竞争夺取的心. 不要把难得的东西推崇得多么珍贵, 导致他人生出盗取心, 变成小偷. 不要去炫耀引发嫉妒和贪婪的事物, 让人心不会迷乱.

因此, 在一个崇尚竞争, 争夺难得之货, 物欲心动荡狂乱的时代 圣人就会这样治愈这个时代——别想太多, 好好吃饭, 保持身体健康, 不被理想束缚, 把心思放在爱护自己的现实上, 不要过多去汲取那些纷杂的信息, 生出了种种的欲念, 哪怕想要改变世界的热望的心, 也要收一收. 不要执着于过份的理想主义, 那些有才智的人也就无法借此取巧造事. 圣人运用无为之心协调有无的流动, 以此疗愈世界和人们, 天下太平安定.

(こうしないで自分で作ったものを持とうとすれば危なくなります。)

彼が知恵に富んで賢明な人でも過度に評価してはいけません。簡単に手に入らないものを過度に貴重に取り扱ってはいけません。間違えれば、猜忌心で喧嘩させ泥棒させるようにすることです。見なければ心が乱れることもありません。それで

生命の非二元を理解する聖人はこう言います。"良いことをしたいと思う心の理想はちょっと減らしてください[虚其心、弱其志]。ご飯を食べて体を健康にし、自分を保護する現実的なことにもっと心をこめてください[實其腹、强其骨]。"こうすれば理想に捕らわれずに欲も減らすことができます。世界を変えたいと言う、前に出る気持ちも抑えておいた方が良いです。過度な理想主義にとらわれずに、無為の心で現実と理想を調和させてこそ、世の中が安定します。

.

II
上善若水
4장~12장

도는 텅 비어 있고 물과 같아서

道是空的, 像水一样.

道(タオ)はがらんとしているし,
水と同じで.

4

道	沖	而	用	之,		或	不	盈.		淵	兮	似	萬	物	之	宗.		挫	其	銳,
도	충	이	용	지		혹	불	영		연	혜	사	만	물	지	종		좌	기	예
dào	chōng	er	yòng	zhī		hùo	bù	yíng		yuān	xī	sì	wàn	wù	zhī	zōng		cùo	qí	rùi
どう	ちゅう	じ	よう	し		わく	ふ	えい		えん	けい	じ	ばんぶつ		し	そう		ざ	き	えい

解	其	紛,		和	其	光,		同	其	塵.		湛	兮	似	常	存.		吾	不	知	誰
해	기	분		화	기	광		동	기	진		담	혜	사	상	존		오	불	지	수
jiě	qí	fēn		hé	qí	guāng		tóng	qí	chén		zhàn	xī	sì	cháng	cún		wú	bù	zhī	shúi
かい	き	ふん		わ	き	こう		どう	き	じん		たん	けい	じ	じょう	そん		ご	ふ	ち	すい

之	子,		象	帝	之	先.
지	자		상	제	지	선
zhī	zǐ		xiàng	dì	zhī	xiān
し	し		ぞう	てい	し	せん

도는 그릇처럼 텅 비어 있어서 자유롭게 쓸 수 있습니다. 아무리
써도 차서 넘치는 일이 없습니다. 세상 만물의 어머니처럼. 얼마
나 깊은가요!

도는 날카로운 생각을 누그러뜨리고, 복잡하게 얽힌 관계를 풀
어 주고, 나만 옳다는 마음의 강한 빛을 부드럽게 만들어, 먼지를
뒤집어쓰더라도 사람들과 어울리게 합니다(和光同塵). 마치 언제
나 옆에 있는 것처럼. 얼마나 넓은가요!

도가 어디서 왔는지 나는 모릅니다. 우주 창조 이전부터 계셨을
겁니다.

道犹如一个空荡荡的大碗, 可以无尽地畅饮从来未曾干涸, 也没有满溢的时候.

她多么幽深啊!

如同世上的万物之母, 她会挫磨我们尖锐的想法, 解开复杂纷扰的关系, 把坚持自己是正确的心柔化, 变得平和, 即使自己蒙上了灰尘, 也会和人共处. 她隐没在深处看不到, 却有仿佛真的存在着.

我不知道她是谁的后代, 似乎她是宇宙创造之前就一直存在的.

道(タォ)は器のように空っぽなので自由に使えます。いくら使っても満ちて溢れることがありません。世の中のすべての万物の母のように、どんなに深いものでしょうか!

道の鋭さを弱め、複雑に絡み合った関係を解き、自分だけ正しいという心の強い光を和らげ、ほこりまみれても人と交わるようにします(和光同塵)。まるでいつもそばにいるようにどれだけ広いものですか!

道がどこから来たのか私は知りません。宇宙の創造以前からいらっしゃったはずです。

5

天　地　不　仁，　　以　萬　物　爲　芻　狗.　　聖　人　不　仁，　　以　百　姓　爲　芻
천　지　불　인　　　　이　만　물　위　추　구　　　　성　인　불　인　　　　이　백　성　위　추
tiān dì bù rén　　　yǐ wàn wù wéi chú gǒu　　shèng rén bù rén　　yǐ bǎi xìng wéi chú
てん ち ふ じん　　　い ばんぶつ い すう く　　　せい じん ふ じん　　　い ひゃく せい い すう

狗.　　天　地　之　間，　　其　猶　橐　籥　乎!　　虛　而　不　屈，　　動　而　愈　出，
구　　　천　지　지　간　　　기　유　탁　약　호　　　허　이　불　굴　　　동　이　유　출
gǒu　　tiān dì zhī jiān　　qí yóu tuó yuè hū　　xū er bù qū　　dòng er yù chū
く　　　てん ち し かん　　　き ゆう たく やく こ　　きょ じ ふ くつ　　どう じ ゆ しゅつ

多　言　數　窮，　　不　如　守　中.
다　언　삭　궁　　　　불　여　수　중
dūo yán shù qióng　　bù rú shǒu zhōng
た げん すう きゅう　　ふ じょ しゅ ちゅう

하늘과 땅은 누구를 특별히 더 사랑하지 않아서(天地不仁), 세상 만물을 제사 지낼 때 쓰고 나면 버리는 지푸라기 개 인형처럼 생각합니다.

성인도 하늘처럼 누구를 더 편애하지 않습니다. 사람들의 오고 감을 지푸라기 개가 다녀간 것처럼 생각합니다.

하늘과 땅 사이는 풀무처럼 텅 비어 있어 써도 써도 끝이 없는 것처럼, 성인은 무슨 일이 일어나든 다 받아들입니다. 지나치게 많이 말하면 궁지에 몰립니다. 무슨 일이 일어나든 텅 빈 중심을 지킵시다(守中).

天地父母似乎没有特别爱谁, 无所谓仁慈, 天地父母把世界当做是祭祀之后就会

扔掉的刍狗一样.

圣人也如她一般, 像对刍狗一样对待他人, 让他们自生自灭, 自作自受.

天地之间, 就像那来来回回抽动着的风箱一样, 空虚但是不会停歇, 越是鼓动风就越多, 多说了反而让人更加迷惑, 陷入困境还不如守住空空荡荡的心吧.

天地父母は誰かを特別に愛しなくて(天地不仁)、世の中の万物も祭祀の後は使ったら捨ててしまう、わらぶき犬の人形のように扱います。聖人も天のように誰かをより偏愛しません。人々の行き交う姿をわらぶき犬が訪ねたように思います。

天地父母の間は吹子のように空っぽで、使っても使っても果てることがありません。そのように聖人は何が起ころうとすべて受け入れます。過度にたくさん言えば窮地に陥ります。何が起きても中心を空にして守りましょう(守中)。

6

谷 神 不 死，　　是 謂 玄 牝.　　玄 牝 之 門,　　是 謂 天 地 根.　　綿
곡 신 불 사　　　시 위 현 빈　　　현 빈 지 문　　　시 위 천 지 근　　　면
gǔ shén bù sǐ　　shì wèi xuán pìn　　xuán pìn zhī mén　　shì wèi tiān dì gēn　　mián
こく しん ふ し　　ぜ い げん びん　　げん びん し もん　　し い てん ち こん　　めん

綿 若 存,　　用 之 不 勤　　.
면 약 존　　　용 지 부 근
mián rùo cún　　yòng zhī bù qín
めん じゃく そん　　よう し ふ こん

깊은 계곡처럼 텅 빈 마음을 가진 여신은 영원합니다. 그는 삶의
양면성을 이해하는 지혜로운 여성, 현빈玄牝입니다. 그의 몸과
마음 문을 열고 들어가면 쉼 없이 일하는 하늘과 땅의 근원을 만
나게 됩니다.

这一颗空荡荡的心, 拥有像深谷一样幽深的心的女神, 她的名字叫做玄牝. 她是
永恒长存的. 凝视她的心门, 可以看到不停运转着的天地的根源, 在那里生养出
了整座天地万物, 至今仍然在连绵不绝地衍生无穷, 永恒地长存下去, 并且发生
了无穷无尽的作用.

深い渓谷のように、空の心を持った女神は永遠です。彼女は人生の両面性を理解
する賢い女性、玄牝(ゲンピン)です。彼女の体と心の扉を開けて入ると、休まず働く
天と地の根源に出会えます。

7

天 長 地 久. 天 地 所 以 能 長 且 久 者, 以 其 不 自 生.
천 장 지 구　　천 지 소 이 능 장 차 구 자　　이 기 불 자 생
tiān cháng dì jiǔ　tiān dì suǒ yǐ néng cháng qiě jiǔ zhě　yǐ qí bù zì shēng
てん ちょう ち きゅう　てん ち しょ い のう ちょう しょ きゅう しゃ　い き ふ じ せい

故 能 長 生. 是 以 聖 人 後 其 身 而 身 先, 外 其 身 而
고 능 장 생　　시 이 성 인 후 기 신 이 신 선　　외 기 신 이
gù néng cháng shēng　shì yǐ shèng rén hòu qí shēn er shēn xiān　wài qí shēn er
こ のう ちょう せい　ぜい い せい じん こう き しん じ しん せん　かい き しん じ

身 存. 非 以 其 無 私 邪 故 能 成 其 私.
신 존　　비 이 기 무 사 사 고 능 성 기 사
shēn cún　fēi yǐ qí wú sī xié gù néng chéng qí sī
しん そん　ひ い き む しゃ じゃ こ のう せい き しゃ

하늘과 땅은 자기 스스로를 위해 살지 않기 때문에 영원합니다.
성인도 자기를 앞세우지 않기에 존경받고 자기를 밖으로 드러내
지 않아서 보호받게 됩니다. 자기를 비워 사심 없이 살면 자신도
성공할 수 있습니다.

天地是如此长久啊, 之所以能够长久存在, 是因为它们并不是为了自己而活着
的. 所以, 圣人遇事无争, 不会把自己放在前面, 所以得到了人们的敬意. 不会把
自己外露, 因此受到了保护, 他不把自己看得太重要, 把自己放空, 没有私心地
活着, 所以也成就了自己的成功.

天と地は自分自身のために生きないので永遠です。聖人も自分を前に出さないの

で尊敬されて自分を外に表に出さないので保護されるようになります。自分を空
けて、私心なく生きれば自分も成功できます。

8

上 善 若 水.
상 선 약 수
shàng shàn ruò shuǐ
じょう ぜん じゃく すい

水 善 利 萬 物 而 不 爭,
수 선 리 만 물 이 불 쟁
shuǐ shàn lì wàn wù ér bù zhēng
すい ぜん り ばん ぶつ じ ふ そう

處 衆 人 之 所 惡.
처 중 인 지 소 오
chǔ zhòng rén zhī suǒ wù
しょ しゅう じん し し しょく

故 幾 於 道.
고 기 어 도
gù jǐ yú dào
こ き お どう

居 善 地,
거 선 지
jū shàn dì
きょ ぜん ち

心 善 淵,
심 선 연
xīn shàn yuān
しん ぜん えん

與 善 仁,
여 선 인
yǔ shàn rén
よ ぜん じん

言 善 信,
언 선 신
yán shàn xìn
げん ぜん しん

正
정
zhèng
せい

善 治,
선 치
shàn zhì
ぜん ち

事 善 能,
사 선 능
shì shàn néng
じ ぜん のう

動 善 時.
동 선 시
dòng shàn shí
どう ぜん じ

夫 唯 不 爭,
부 유 불 쟁
fū wéi bù zhēng
ふ ゆい ふ そう

故 無 尤.
고 무 우
gù wú yóu
こ む ゆう

물처럼, 세상에서 이기려고 하지 말고 남들이 가기 싫어하는 곳을 기꺼이 갑시다. 물은 도에 가장 가까운 상징입니다. 물처럼 낮게 흘러 땅을 적시고, 물처럼 깊은 마음을 쓰고, 물처럼 아끼고 사랑하고, 물처럼 믿을 수 있게 말하고, 물처럼 민중을 위한 정치를 하고, 물처럼 일하고, 물처럼 때맞춰 흐르면 싸울 일도 없고 걱정할 일도 없습니다.

至高的善啊, 就像水一样. 水善于滋养万物, 但不与万物相争. 在这个世界上, 不要总想着赢, 要去别人不想去的地方. 人要像那水一样接近于道, 成为道的象征. 所在之处, 就像水流一样湿濡着土地. 常常看自己的心, 是不是处于沉静之中. 像水一样用心, 待人接物, 真诚, 友爱和无私, 像水一样守信用, 说能够被人信任的

话, 像水一样去做为了民众的政治事业, 像水一样适时流淌地工作, 处事, 善于发挥所长, 行动, 要善于把握时机. 至善之人, 不会去争取什么, 所以也不需要担忧什么.

水のように世の中で勝とうとせず、人が行きたがらない所を喜んで行きましょう。水は道(タオ)に最も近い象徴です。水のように低く流れて土を濡らし、水のように深い心を尽くし、水のように惜しんで愛し、水のように信じられるように言い、水のように民衆のための政治をし、水のように働いて水のように時を合わせて流れれば、争うこともないし心配することもありません。

9

持 而 盈 之,　不 如 其 已.　揣 而 銳 之,　不 可 長 保.　金 玉
지 이 영 지　　불 여 기 이　　췌 이 예 지　　불 가 장 보　　금 옥
chí er yíng zhī　bù rú qí yǐ　chuai er ruì zhī　bù kě cháng bǎo　jīn yù
じ じ えい し　ふ じょ き い　し じ えい し　ふ か ちょう ほ　きん ぎょく

滿 堂,　莫 之 能 守.　富 貴 而 驕,　自 遺 其 咎.　功 遂 身 退,
만 당　　막 지 능 수　　부 귀 이 교　　자 유 기 구　　공 수 신 퇴
mǎn táng　mò zhī néng shǒu　fù guì er jiāo　zì yí qí jiù　gōng suì shēn tùi
まん どう　も し のう しゅ　ふう き じ きょう　じ い き きゅう　こう すい しん たい

天 之 道.
천 지 도
tiān zhī dào
てん し どう

넘치는 건 조금 모자란 것보다 못합니다. 지나치게 날카로우면 금방 무디어집니다.

집안에 보물이 가득한 걸 지킬 수 있겠습니까? 돈 가지고 교만해지면 위험을 불러들입니다. 성공했다고 생각되면 물러나서 (자리를 비우는 것이) 하늘의 길입니다.

过犹不及, 物极必反. 如果过于尖锐, 迟早会被挫钝.

如此怎么能维持家里丰盈的宝物呢? 如果因为为了有钱而变得骄傲, 就会自找祸患. 当你感到自己成功的时候, 就要后退. 上天的道, 是永远创造空位的.

過ぎたことは及ばざるが如し。

鋭すぎるとすぐに鈍くなります。

家の中に宝物があふれていたら、どうやってそれを守ることができますか。お金を持って傲慢になれば危険を招くことです。成功したと考えたら一歩退く事が天の道です。

10

載 營 魄 抱 一, 能 無 離 乎! 專 氣 致 柔, 能 嬰 兒 乎! 滌
재 영 백 포 일 능 무 리 호 전 기 치 유 능 영 아 호 척
zài yíng pò bào yī néng wú lí hū zhuān qì zhì róu néng yīng ér hū dí
さい えい はく ほう いつ のう む り こ せん き ち じょう のう えい じ こ てき

除 玄 覽, 能 無 疵 乎! 愛 民 治 國, 能 無 知 乎! 天 門 開
제 현 람 능 무 자 호 애 민 치 국 능 무 지 호 천 문 개
chú xuán lǎn néng wú cī hū ài mín zhì gúo néng wú zhī hū tiān mén kāi
じょ げん らん のう む し こ あい みん ち こく のう む ち こ てん もん かい

闔, 能 無 雌 乎! 明 白 四 達, 能 無 爲 乎! 生 之 畜 之.
합 능 무 자 호 명 백 사 달 능 무 위 호 생 지 축 지
hé néng wú cí hū míng bái sì dá néng wú wéi hū shēng zhī xù zhī
こう のう む し こ めい はく し たつ のう む い こ せい し ちく し

生 而 不 有, 爲 而 不 恃, 長 而 不 宰. 是 謂 玄 德.
생 이 불 유 위 이 불 시 장 이 불 재 시 위 현 덕
shēng ér bù yǒu wéi ér bù shì cháng ér bù zǎi shì wèi xuán dé
せい じ ふ ゆう い じ ふ し ちょう じ ふ さい ぜ い げん とく

DNA(魄) 속에 모든 생명의 기억이 담겨 있듯이 영원한 생명 속
에서 분리되지 않을 수 있나요? 몸과 마음의 기운을 돌려 부드럽
고 연약한 어린아이처럼 될 수 있나요? 양면성을 이해하는 지혜
의 거울을 닦아 티 없이 맑게 할 수 있나요? 국가를 운영하고 시
민들을 대할 때 지나친 욕망을 자극하지 않는 '무지無知'를 쓸 수
있나요? 하늘 문을 열고 닫더라도 한울 어머니처럼 소리 없이,
말없이 할 수 있나요? 세상 모든 것을 알고 통달한 뒤에도 순리
에 따르는 '무위無爲'로 일을 이룰 수 있나요?

지혜로운 당신은 많은 것을 낳고 길러 왔습니다. 하지만, 낳았더

라도 가지려고 해선 안 됩니다. 모두가 함께 애썼으니 내 것이라고 생각해서도 안 됩니다. 당신이 왕과 제후라도 지배하려고 해선 안 됩니다. 이런 마음을 현덕玄德이라고 합니다.

基因(魄)犹如所有生命的记忆, 能否留住生命的记忆, 进而成为永远的生命呢. 能否调转身体和心灵的习气, 再次变得像柔软纤细的孩童一样呢? 能否擦净理解生命一体性的镜子, 使它变得没有瑕疵呢? 经营国家, 对待市民的时候, 能否运用不过多刺激他们欲望的无知呢? 上天在开和闭大门的时候, 也能像母亲一样默默无言地去做吗? 在通达了世间所有的道理之后, 还能否顺从无为之道去做事呢? 智慧的你啊, 生育了众多的事物, 但是并无拥有之心, 因为这是来自所有一切共同的努力, 而不把它想成自己的东西. 就像你是王和帝王, 也不会想要支配他们, 把这样的心, 叫做玄德.

DNA(魄)の中にすべての生命の記憶があるように、永遠の生命の中に分離しないでいいられますか。体と心の機運を回して、柔らかくて弱い子供のようになれますか。非二元性を理解する知恵の鏡を磨いて塵もなしに清くできますか。国家を運営し、市民に会う時、過度な欲望を刺激しない"無知"を使うことができますか。天の扉を開けて閉めても、女神様のように静かに話すことができますか。世の中のすべてのことを知って通達した後も、順理に従う"無為"の役割を果たすことができますか。

知恵のあるあなたは多くのものを生んで育ててきました。しかし、生んでも持とう

としてはいけません。皆が一緒に努力したから自分のものと思ってはいけません。

あなたが王であれ、と諸侯であれ支配しようとしてはいけません。こんな心を玄徳

と言います。

11

三十輻共一轂, 當其無, 有車之用. 埏埴以爲器,
삼십폭공일곡　당기무　유차지용　연식이위기
sān shí fú gòng yī gǔ　dāng qí wú　yǒu chē zhī yòng　shān zhí yǐ wéi qì
さんじゅうふく きょういっこく　とうきむ　ゆうしゃしよう　えんしょくいいき

當其無, 有器之用. 鑿戶牖以爲室, 當其無, 有室之
당기무　유기지용　착호유이위실　당기무　유실지
dāng qí wú　yǒu qì zhī yòng　záo hù yǒu yǐ wéi shì　dāng qí wú　yǒu shì zhī
とうきむ　ゆうきしよう　さくとゆういいしつ　とうきむ　ゆうしつし

用. 故有之以爲利, 無之以爲用.
용　고유지이위리　무지이위용
yòng　gù yǒu zhī yǐ wéi lì　wú zhī yǐ wéi yòng
よう　こゆうしいいり　むしいいよう

서른 개 바큇살이 모여 바퀴를 만들지만 가운데가 비어 있어야
수레가 굴러가듯이, 진흙을 빚어 그릇을 만들지만 안이 비어 있
어야 담을 수 있듯이, 문과 창을 내어 집을 만들지만 방이 비어
있어야 쓸 수 있듯이, '유有'로 만들더라도 '무無'가 있어야 쓸 수
있습니다.

三十辐聚在一起形成了一个轮子, 但是当中间是空的, 车才会滚动. 用泥土来做
器皿, 只有里面是空的, 才能装起来. 造出门窗来盖房子, 但房间只有空着才能使
用. 就算是"有"来创造, 也需要"无"才能使用.

三十個のスポーク(輻)が集まって車輪を作っても, 中が空いていないと車が動か

ないように、粘土を梳いて器を作るが、中が空っぽになってこそ盛り込めるように、

扉と窓を作って家を造っても部屋が空いていてこそ使えるように、"有"にして創っ

ても"無"がなければ使えません。

12

五色令人目盲. 五音令人耳聾. 五味令人口爽. 馳
오 색 영 인 목 맹　오 음 영 인 이 롱　오 미 영 인 구 상　치
wǔ sè lìng rén mù máng　wǔ yīn lìng rén ěr lóng　wǔ wèi lìng rén kǒu shuǎng　chí
ご しょく れい じん もく もう　ご おん れい じん じ ろう　ご み れい じん こう そう　じ

騁 畋 獵 令 人 心 發 狂. 難 得 之 貨 令 人 行 妨. 是 以
빙 전 렵 영 인 심 발　광　난 득 지 화 영 인 행 방　시 이
chěng tián liè lìng rén xīn fā kuáng　nán dé zhī huò lìng rén xíng fáng　shì yǐ
てい てん りょう れい じん しん はつ きょう　なん とく し か れい じん ぎょう ほう　ぜ い

聖 人 爲 腹 不 爲 目. 故 去 彼 取 此.
성 인 위 복 불 위 목　고 거 피 취 차
shèng rén wéi fù bù wéi mù　gù qù bǐ qǔ cǐ
せい じん い ふく ふ い もく　こ きょ ひ しゅ し

(이렇게 비워 두지 않고) 세상의 온갖 색깔과 소리와 맛으로 삶을
꽉 채워서 눈멀고, 귀먹고, 혀의 감각까지 잃어버리면, 말 달리고
사냥하며 자극에 미쳐서 구하기 힘든 것만 찾아다니다 길을 잃
어버립니다. 성인은 눈에 보이는 욕망을 따라가지 않고 배만 채
울 정도에 만족합니다(爲腹不爲目).

用所有的颜色, 声音, 味道来填满人生, 直至到瞎了眼睛, 耳朵聋了, 舌头麻痹都

无法停止, 就像在草场骑马纵驰疯狂打猎, 受欲望的吸引而无法自拔, 不断地寻

求难以企及之物, 走在迷失的道路上. 圣人, 不会追随看到, 听到, 品尝的种种有

形之物他满足于填饱自己的肚子就可以了.

このように空けておくべきなのに世界のあらゆる色と声と味で生をいっぱい詰め

て目もくらんで、耳も聞こえず、舌の感覚まで失えば、馬に乗って、狩猟しながら刺

激されて手に入れにくいものばかりを捜し回る道に迷ってしまいます。聖人は目に

見える欲望に惑わされず、空腹を満たすぐらいで満足しています(為腹不為目)

III
微妙玄通
13장~17장

삶의 양면성을 하나로 보는
현통(玄通)한 사람.

玄通的人, 一体性的眼光.

非二元性をひとつと見る玄通な人.

寵 辱 若 驚, 貴 大 患 若 身. 何 謂 寵 辱 若 驚? 寵 爲
총 욕 약 경　귀 대 환 약 신　하 위 총 욕 약 경　총 위
chǒng rǔ rùo jīng　gùi dà huàn rùo shēn　hé wèi chǒng rǔ rùo jīng　chǒng wéi
ちょう じょく じゃく きょう　き だい かん じゃく しん　か い ちょう じょく じゃく きょう　ちょう い

上, 辱 爲 下, 得 之 若 驚, 失 之 若 驚. 是 謂 寵 辱 若 驚.
상　욕 위 하　득 지 약 경　실 지 약 경　시 위 총 욕 약 경
shàng　rǔ wéi xià　dé zhī rùo jīng　shī zhī rùo jīng　shì wèi chǒng rǔ rùo jīng
じょう　じょく い げ　とく し じゃく きょう　しつ し じゃく きょう　ぜい い ちょう じょく じゃく きょう

何 謂 貴 大 患 若 身? 吾 所 以 有 大 患 者, 爲 吾 有 身. 及
하 위 귀 대 환 약 신　오 소 이 유 대 환 자　위 오 유 신　급
hé wèi gùi dà huàn rùo shēn　wú sǔo yǐ yǒu dà huàn zhě　wéi wú yǒu shēn　jí
か い き だい かん じゃく しん　ご しょ い ゆう だい かん じゃ　い ご ゆう しん　きゅう

吾 無 身, 吾 有 何 患? 故 貴 以 身 爲 天 下, 若 可 寄 天 下.
오 무 신　오 유 하 환　고 귀 이 신 위 천 하　약 가 기 천 하
wú wú shēn　wú yǒu hé huàn　gù gùi yǐ shēn wéi tiān xià　rùo kě jì tiān xià
ご む しん　ごう ゆう か かん　こ き い しん い てん か　じゃく か き てん か

愛 以 身 爲 天 下, 若 可 託 天 下.
애 이 신 위 천 하　약 가 탁 천 하
ài yǐ shēn wéi tiān xià　rùo kě tūo tiān xià
あい い しん い てん か　じゃく か たく てん か

누가 나를 좋아해서 높여 주는 것도, 누가 나를 욕하는 것도 모두
좋은 일입니다. 높아지는 것뿐만 아니라 낮아지는 것도, 무엇을
얻거나 잃는 일도 모두 좋은 일입니다. 이런 마음을 총욕약경寵
辱若驚이라고 합니다.

부귀를 얻거나 고통을 겪거나 모두 몸에 유익한 일입니다. '나'라
는 존재 자체가 큰 고통입니다. 우리 모두 몸을 가지고 있기 때
문입니다. 만약 내 몸이 없다면 고통이 어디 있겠습니까?

고통을 몸으로 겪어 봐서 이 세상의 고통을 자기 몸처럼 아프게 느끼는 사람, 세상 만물을 귀하게 생각하고 사랑하는 사람에게 세상을 맡길 수 있습니다.

谁喜欢我, 抬举我, 辱骂我, 都是好事. 不管是被抬高还是贬低, 得到或者失去, 都是好事. 把这样的心境称之为宠辱若惊.

不管是富贵, 还是痛苦, 都是有益于身体的事情. "我"的存在本身就是巨大的痛苦, 因为我们都拥有身体, 如果我没有身体的话, 哪里还会有苦痛呢?

由于经历过痛苦, 把世间的疼痛当做是自己身体的疼痛一样去感知, 珍贵地爱着世间万物, 我们能把世界托付给这样的人.

誰かが私のことを好きで崇めることも、誰が私を悪く言うのもすべて良いことです。高くなるだけでなく低くなるのも、何かを得たり失ったりすることも全て良いことです。こんな心を寵辱若驚と言います。

富貴を得ることも、苦痛を感じることも、全てが体に有益なことです。"私"という存在自体が大きな苦痛です。みんなが身体を持っているからです。もし自分の身がなければ苦痛がどこにあるでしょうか?

苦痛を身で経験し、この世の苦痛に対して自分の身体のように痛みを感じる人。世の中の物事を大事にし、愛する人に世界を預けることができます。

14

視之不見, 名曰夷. 聽之不聞, 名曰希. 搏之不得,
시지불견 명왈이 청지불문 명왈희 박지불득
shì zhī bù jiàn míng yuē yí tīng zhī bù wén míng yuē xī bó zhī bù dé
し し ふ けん めい えつ い ちょう し ふ ぶん めい えつ き はく し ふ とく

名曰微. 此三者, 不可致詰. 故混而爲一. 其上不
명왈미 차삼자 불가치힐 고혼이위일 기상불
míng yuē wēi cǐ sān zhě bù kě zhì jié gù hùn ér wéi yī qí shàng bù
めい えつ び し さん しゃ ふ か ち きつ こ こん じ い いち き じょう ふ

皦, 其下不昧. 繩繩不可名. 復歸於無物. 是謂無
교 기하불매 승승불가명 복귀어무물 시위무
jiǎo qí xià bù mèi shéng shéng bù kě míng fù guī yú wú wù shì wèi wú
きょう き げ ふ まい じょう じょう ふ か めい ふっ き お む ぶつ ぜい む

狀之狀, 無物之象. 是謂恍惚. 迎之不見其首, 隨
상지상 무물지상 시위황활 영지불견기수 수
zhuàng zhī zhuàng wú wù zhī xiàng shì wèi huǎng hū yíng zhī bù jiàn qí shǒu súi
じょう し じょう む ぶつ し しょう ぜい こう こつ げい し ふ けん き しゅ ずい

之不見其後. 執古之道, 以御今之有, 能知古始, 是謂
지불견기후 집고지도 이어금지유 능지고시 시위
zhī bù jiàn qí hòu zhí gǔ zhī dào yǐ yù jīn zhī yǒu néng zhī gǔ shǐ shì wèi
し ふ けん き ご しつ こ し どう い ご こん し ゆう のう ち こ し ぜい

道紀.
도기
dào jì
どう き

이夷, 형체가 있지만 보이지 않는, 희希, 소리가 있지만 들리지 않
는, 미微, 잡을 수 있지만 손에 들어오지 않는, 이夷,희希,미微 셋을
다 써도 설명하기 힘든, 이 셋이 섞여 있는 어떤 하나의 원자原子.
그 위의 밝음도 없고, 그 아래의 어둠도 없는, 끊임없이 이어지지
만 이름 붙여 설명할 수 없는, 입자/파동의 경계인 무물無物로 돌

아가 버리는, 무상無狀, 무물無物의 물질 입자粒子. 알 수도 없고 설명할 수도 없어 황홀恍惚이라고밖에 말할 수 없는, 앞과 뒤가 어딘지 알 수 없는 양자역학의 불확정성, 아주 오래된, 그러면서도 지금 이 자리에 있는 태초의 시작. 도/물질의 기원(道紀).

夷, 有形体但看不到. 希, 有声音但听不到. 微, 触摸得到但无法抓住. 这三者, 是不可思议的, 难以解释的. 所以它们混合成一个原子, 没有比他更明亮, 也没有比他更昏暗的存在. 原子在无限地蔓延, 又无法给予命名和说明. 可以回到粒子波动, 一种近似无物的状态来理解, 无物无状的粒子是无法说清的, 只能用恍惚来形容. 既看不到他的前面, 又抓不到他的尾迹, 犹如量子力学的不确定性. 已经存在了非常久远的, 却会一直长存下去的上古之道, 如此存在着, 秉持着这大道, 就能把握当今万有, 万事由来始末(道紀)

夷、形があるが見えない。希、声があるが聞こえない。微、つかむことができるが手に入らない。夷、希、微、三つを使っても説明し難い、この三つが混ざっている―あるひとつの原子。その上の明るさもない、その下の闇もない絶え間なく続くが名付けて説明することができない粒子/波動の境界の無物に帰ってしまう無状、無物の物質粒子。分からないし、説明することもできなくて、恍惚としか言いようのない前と後が分からない量子力学の不確定性。とても古いながらも、今この場所にある太初の始まり。道/物質の起源(道紀)。

15

古 之 善 爲 士 者,　微 妙 玄 通,　深 不 可 識.　夫 唯 不 可 識,
고　지　선　위　사　자　　미　묘　현　통　　심　불　가　식　　부　유　불　가　식
gǔ zhī shàn wéi shì zhě　wēi miào xuán tōng　shēn bù kě shí　fū wéi bù kě shí
こ し ぜん い し しゃ　び みょう げん つう　しん ふ か しき　ふ ゆ ふ か しき

故 强 爲 之 容,　豫 兮 若 冬 涉 川,　猶 兮 若 畏 四 隣,　儼 兮
고　강　위　지　용　　예　혜　약　동　섭　천　　유　혜　약　외　사　린　　엄　혜
gù qiáng wéi zhī róng　yù xī rùo dōng shè chuān　yóu xī rùo wèi sì lín　yǎn xī
こ きょう い し よう　よ けい じゃく とう しょう せん　ゆう けい じゃく い し りん　げん けい

其 若 容,　渙 兮 若 氷 之 將 釋,　敦 兮 其 若 樸,　曠 兮 其 若
기　약　용　　환　혜　약　빙　지　장　석　　돈　혜　기　약　박　　광　혜　기　약
qí rùo róng　huàn xī rùo bīng zhī jiāng shì　dūn xī qí rùo pǔ　kuàng xī qí rùo
き じゃく よう　かん けい じゃく ひょう し しょう しゃく　かく けい き じゃく はく　こう けい き じゃく

谷,　混 兮 其 若 濁.　孰 能 濁 以 靜 之 徐 淸?　孰 能 安 以 久
곡　혼　혜　기　약　탁　　숙　능　탁　이　정　지　서　청　　숙　능　안　이　구
gǔ　hùn xī qí rùo zhúo　shú néng zhúo yǐ jìng zhī xú qīng　shú néng ān yǐ jǐu
こく　こん けい き じゃく だく　じゅく のう だく い せい し じょ せい　じゅく のう あん い きゅう

動 之 徐 生?　保 此 道 者,　不 欲 盈.　夫 唯 不 盈,　故 能 蔽 不
동　지　서　생　　보　차　도　자　　불　욕　영　　부　유　불　영　　고　능　폐　불
dòng zhī xú shēng　bǎo cǐ dào zhě　bù yù yíng　fū wéi bù yíng　gù néng bì bù
どう し じょ せい　ほ し どう しゃ　ふ よく えい　ふ ゆ ふ えい　こ のう へ い

新 成.
신　성
xīn chéng
しん せい

오래된 것을 이해하면서 현실에 맞게 사용하는 사람은 삶의 양
면성을 꿰뚫어보는 미묘현통微妙玄通한 힘이 있어서 그 깊이를
알 수 없습니다. 굳이 그 모습을 설명하라고 하면, 겨울 언 강을
건너듯 주춤거리고, 사방에 어려운 이웃이 있는 것처럼 멈칫멈

칫하고, 손님처럼 어려워하고, 녹는 얼음처럼 맺힘이 없고, 다듬지 않은 통나무처럼 소박하고, 계곡처럼 트이고, 계곡을 흐르는 흙탕물 같습니다.

누가 탁한 것과 함께 흘러 그 물을 맑게 할 수 있겠습니까? 누가 움직이지 않는 것을 움직여 살아나게 할 수 있겠습니까? (그는 스스로 흙탕물이 되어 함께 흘러 흐린 물이 맑아지게 하고, 함께 고통을 겪어 넘어진 사람을 일어서게 합니다.)

그는 다 채우려 하지 않습니다. 많은 걸 바라지도 않습니다. 양면성을 이해하기에 새로운 것을 만들지 않아도 오래된 모순을 풀어냅니다.

理解久远之道, 又能在现实中妥善运用的人, 是可以透察万物一体性的微妙玄通之力量. 这样的人深不可测, 如果非要形容他的模样的话—— 就像在冬天过江一样犹豫, 就像畏惧四邻一般谨慎, 就像作客一样恭敬严肃. 继而他又像融化了的冰一样洒脱无羁, 焕然冰释, 如未曾修剪过的原木一样朴实敦厚, 心胸旷达, 虚怀若谷.

谁能与浊流同流, 使水更清呢? 谁能让不动的东西运动起来呢? 他把自己变成了浊泥, 一起流淌, 使污浊的水变得清澈, 一起经历痛苦, 让跌倒的人站立起来.

他不肯填满, 也不祈求更多, 因为理解生命的一体性, 就算是不创造新的东西, 也可以解决长久的矛盾.

古いものを理解しながらも現実に合わせて使う人は生の非二元性を見抜く、微妙玄通の力があってその深さばかりが知りません。敢えてその姿を説明しようとすれば冬の凍った川を渡るようにぴたっとしりごみし、あちこちに困っている隣人がいるように控え、客のように襟を正し、溶ける氷のようになめらかで、粗削りな丸太のように素朴で、谷のように開けて、谷を流れる泥水のようです。

誰かが濁ったものと共に流れて、その水を清めることができますか?誰が動かないものを動かして生かすことができますか。(彼は自ら泥水になってともに流れる水が澄んでいき、ともに苦しんで倒れた人をたちあがらせます。)

彼は全部満たそうとしません。多くを望んでいません。非二元性を理解するから、新しいものを作らなくても古い矛盾を解き明かします。

16

致虛極，守靜篤，萬物並作，吾以觀其復．夫物芸
치허극　수정독　만물병작　오이관기복　부물운
zhì xū jí　shǒu jìng dǔ　wàn wù bìng zuò　wú yǐ guān qí fù　fū wù yún
ち きょ きょく　しゅ せい とく　まん ぶつ へい さく　ご い かん き ふく　ふ ぶつ げい

芸，各復歸其根．歸根曰靜，是謂復命，復命曰常，知
운　각복귀기근　귀근왈정　시위복명　복명왈상　지
yún　gè fù guī qí gēn　guī gēn yuē jìng　shì wèi fù mìng　fù mìng yuē cháng　zhī
げい　かく ふく き きこん　き こん えつ せい　ぜ い ふく めい　ふく めい えつ じょう　ち

常曰明．不知常，妄作凶．知常容，容乃公，公
상 왈 명　부 지 상　망 작 흉　지 상 용　용 내 공　공
cháng yuē míng　bù zhī cháng　wàng zuò xiōng　zhī cháng róng　róng nǎi gōng　gōng
じょう えつ めい　ふ ち じょう　もう さく きょう　ち じょう よう　よう だい こう　こう

乃王，王乃天，天乃道．道乃久，沒身不殆．
내 왕　왕 내 천　천 내 도　도 내 구　물 신 불 태
nǎi wáng　wáng nǎi tiān　tiān nǎi dào　dào nǎi jiǔ　méi shēn bù dài
だい おう　おう だい てん　てん だい どう　どう だい きゅう　ぼつ しん ふ たい

끝에 이르면 비워집니다. 분주하면 고요해집니다.

세상 만물이 다 뻗어나가는 것 같지만 내게는 돌아오는 것이 보입니다.

모든 것에는 뿌리가 있습니다. 어떤 것이든 다 그 뿌리로 돌아오게 됩니다. 뿌리로 돌아온 고요함이 '선물의 회복(復命)'입니다.

매일매일의 삶이 선물이라는 사실을 아는 것이 '일상日常'입니다. 일상이 선물이 되면 밝아집니다. 일상의 의미를 모르면 삿되고 흉한 일을 저지르게 됩니다. 일상을 알면 용납하고 관용하게 되고, 관용하면 공평해집니다.

공평한 사람은 왕이 될 수 있습니다. 왕은 하늘 같고, 하늘은 도와 같아서 오래갈 수 있습니다. 그는 죽음이 올 때까지 위험하지 않습니다.

事情发展到终极的时候就会放空, 忙碌到头了也安静下来了.

世界万物好像都在纷纭变化, 但可以看到最终一切都会回归于本来面目.

一切都有根源, 无论是什么都会回到他的根源. 回到根源的宁静叫做复命.

把每日每天的生命当做是礼物叫做日常. 如果日常成为礼物, 就会变得明媚. 如果不知道日常的意义, 就会做一些凶事. 如果守住日常, 就会容纳, 万事包容. 若能包容就能做到坦荡公平.

这样的人就可以为王. 王与天同, 与道同, 因此可以长远. 直到他死都不会有危险.

道の果てに近づくと空になります。あわただしいと静まります。世の中の万物がすべて伸びていくようですが、私には戻ってくるのが見えます。

すべてのものには根があります。どんなものでもすべてその根に戻ります。根に戻ってきた静寂が"贈物の回復(復命)"です。

毎日毎日の人生が贈物だという事実を知るのが"日常"です。日常が贈物になると明るくなります。日常の意味が分からなければ、醜い事をするようになります。日常が分かれば容認して寛容になり、寛容すれば公平になります。公平な人は王にな

ることができます。王は天のようで、天の道のような王であるので長生き出来ます。

彼は死ぬまであやうくないです。

17

太 上 下 知 有 之.　其 次 親 而 譽 之.　其 次 畏 之.　其 次 侮 之.
태 상 하 지 유 지　　기 차 친 이 예 지　　기 차 외 지　　기 차 모 지
tài shàng xià zhī yǒu zhī　qí cì qīn ér yù zhī　qí cì wèi zhī　qí cì wǔ zhī
たい じょう げ ち ゆう し　き じ しん じ よ し　き じ い し　き じ ぶ し

信 不 足 焉,　有 不 信 焉.　悠 兮 其 貴 言.　功 成 事 遂,　百 姓
신 부 족 언　　유 불 신 언　　유 혜 기 귀 언　　공 성 사 수　　백 성
xìn bù zú yān　yǒu bù xìn yān　yōu xī qí gùi yán　gōng chéng shì sùi　bǎi xìng
しん ふ そく えん　ゆう ふ しん えん　ゆう けい き き げん　こう せい じ すい　ひゃく せい

皆 謂 我 自 然.
개 위 아 자 연
jiē wèi wǒ zì rán
かい い が し ぜん

일상을 선물처럼 사는 그를 최상의 지도자 '태상太上'이라고 합
니다. 사람들은 그가 있는지도 모릅니다. 그다음은 사람들이 가
까이하고 좋아합니다. 그다음은 두려워하고, 그다음은 업신여깁
니다. 신뢰가 부족하고 믿을 수 없기 때문입니다.
말을 아끼고 일을 성실하게 이루어 내십시오. 사람들이 '이건 우
리 스스로 해냈어'라고 생각하게 해야 합니다.

把日常生活当做是礼物一样活着的人叫做最高指导者, 太上. 人们几乎感觉不到
他的存在. 其次, 人们亲近他, 喜欢他, 其次, 人们畏惧他, 再其次, 人们瞧不起他.
是因为信赖不足, 无法相信.
少说话, 认真诚实地做事吧, 要让人们觉得, 这件事就是我们自己完成的.

日常を贈り物のように生きて行く彼を最上の指導者"太上"といいます。人々は彼の存在さえよく知りません。その下は人々が近づくして親しみ好みます。その下は怖がり、その下は蔑ろにしますです。信頼が足りず信じられないからです。

言葉を少なくして仕事を誠実に成し遂げてください。人々が"これは私たち自らやり遂げた"と考えるようにしなければなりません。

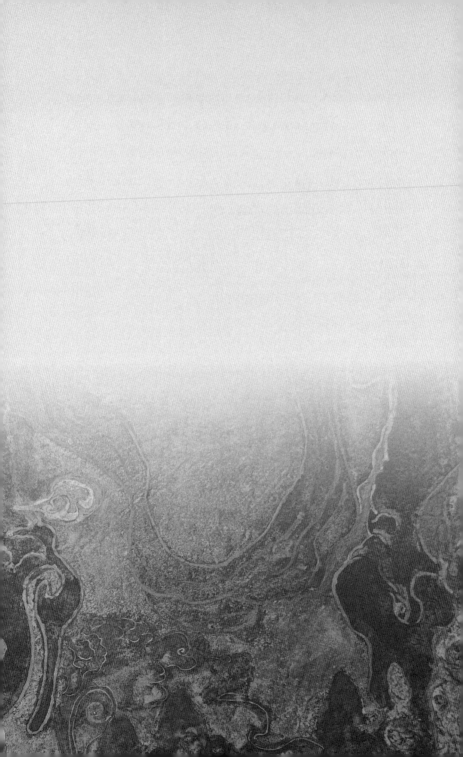

IV
愚人之心
18장~20장

난 참 바보처럼 살았습니다.

我像遗失了什么一样像个傻瓜.

私は本当に馬鹿のように
生きてきました.

18

大 道 廢,　有 仁 義.　慧 智 出,　有 大 僞.　六 親 不 和,　有 孝
대 도 폐　유 인 의　혜 지 출　유 대 위　육 친 불 화　유 효
dà dào fèi　yǒu rén yì　huì zhì chū　yǒu dà wěi　liù qīn bù hé　yǒu xiào
だい どう はい　ゆう じん ぎ　すい ち しゅつ　ゆう だい ぎ　ろく しん ふ わ　ゆう こう

慈.　國 家 昏 亂,　有 忠 臣.
자　국 가 혼 란　유 충 신
cí　gúo jiā hūn luàn　yǒu zhōng chén
じ　こっ か こん らん　ゆう ちゅう しん

대도大道가 무너지면 사랑과 정의라는 질서를 만들어야 합니다.

지혜를 사용하면 남을 속이는 일도 시작됩니다.

가족과 친지들이 서로 화목하지 않으면 부모에게 애써서 효도해

야 하고, 아이를 돌보기가 힘들어집니다.

국가가 혼란해지면 충성스런 사람들은 자기를 희생해야 합니다.

(대도가 있으면 인의, 지혜, 효도와 자애, 충성으로 애쓰지 않아도 됩니다.)

如果大道崩溃, 就要建立爱和正义的秩序.

如果使用智慧, 互相欺骗的事情也就开始.

如果家族和亲戚不和, 就要努力孝顺父母, 照顾孩子也会越来越难.

国家陷入了困境, 忠诚的人就要牺牲自己. (如果大道存在的话, 仁爱, 智慧, 孝道, 慈爱

和忠诚等等也就不用勉强地履行了.)

大道(ダイタオ)が崩れれば、愛と正義という秩序を作らなければなりません。知恵を使えば人を欺くことも始まります。

家族と知り合いがお互いに睦まじくなければ親に敢えて親孝行をしなければならず、子供を育てることが難しくなります。

国家が混乱すると、忠誠の人々は自分を犠牲にしなければなりません。（大道があれば仁義、知恵、孝行と慈愛、忠誠で労力しなくても良いです。）

19

絶	聖	棄	智,	民	利	百	倍.	絶	仁	棄	義,	民	復	孝	慈.	絶	巧	棄
절	성	기	지	민	리	백	배	절	인	기	의	민	복	효	자	절	교	기
jué	shèng	qì	zhì	mín	lì	bǎi	bèi	jué	rén	qì	yì	mín	fù	xiào	cí	jué	qiǎo	qì
ぜつ	せい	き	ち	みん	り	ひゃくばい		ぜつじん		き	ぎ	みん	ふう	こう	じ	ぜつ	こう	き

利,	盗	賊	無	有.	此	三	者	以	爲	文	不	足,	故	令	有	所	屬.	見
리	도	적	무	유	차	삼	자	이	위	문	부	족	고	영	유	소	속	견
lì	dào	zéi	wú	yǒu	cǐ	sān	zhě	yǐ	wéi	wén	bù	zú	gù	lìng	yǒu	sǔo	shǔ	jiàn
り	とう	ぞく	む	ゆう	し	さん	しゃ	い	いぶん		ふ	ぞく	こ	れい	ゆう	しょ	ぞく	けん

素	抱	樸,	少	私	寡	欲.
소	포	박	소	사	과	욕
sù	bào	pǔ	shǎo	sī	guǎ	yù
そ	ほう	はく	しょう	し	か	よく

인의와 지혜를 말로 가르치는 사람들이 없는 것이 우리에게는 백배 이익입니다. 이런 걸 놓아 버리면 사람들은 효와 사랑의 마음을 누구나 스스로 되찾게 됩니다.

교묘하게 잇속을 차리지 않으면 훔치려는 마음도 없어집니다. 성인의 지혜(聖智), 사랑과 정의(仁義), 공정한 거래(巧利) 같은 방법은 문명사회를 만드는 데 필요한 일이지만 그것만으로는 안됩니다. 물들이지 않은 명주처럼, 다듬지 않은 통나무처럼, 단순소박하게 살고 욕심을 줄여야 합니다.

如果没有那些以仁义智慧来教导我们的人, 那对我们是百倍的利益. 如果放任人们的话, 他们会自行去寻找到爱和孝的心.

如果不巧妙追逐利益的话, 也就没有想要去偷窃的心. 圣人的智慧, 爱和正义, 公平的交易等方法对于创建文明社会来说, 虽说是必要的方法, 但不单独靠其中哪一个. 而是要让人们像没有染过的绸缎一样, 没有修剪过的原木一样, 单纯朴素地生活, 减少贪欲就可以了.

仁義と知恵を言葉で教える人がいないことが、人にはかえって益です。こんなことを放っておいても人は孝と愛の心を誰でも自ら取り戻します。

巧妙に利益を求めようとしなければ盗もうという気持ちもなくなります。聖人の知恵(聖智)、愛と正義(仁義)、公正な取引(巧利)のような方法は文明社会を作るのに必要なことですが、それだけではいけません。染まらない絹のように、整えてない丸太のように単純素朴に生き、欲心を減らさなければなりません。

20

絕學無憂. 唯之與阿, 相去幾何? 善之與惡, 相去何
절학무우　유지여아　상거기하　선지여악　상거하
jué xué wú yōu　wéi zhī yǔ ē　xiàng qù jǐ hé　shàn zhī yǔ è　xiàng qù hé
ぜつ がく む ゆう　ゆい し よ あ　そう きょ き か　ぜん し よ あく　そう きょ か

若? 人之所畏, 不可不畏, 荒兮其未央哉. 衆人熙
약　인지소외　불가불외　황혜기미앙재　중인희
rùo　rén zhī sǔo wèi　bù kě bù wèi　huāng xī qí wèi yāng zāi　zhòng rén xī
じゃく　にん し しょい　ふ か ふ い　こう けい き み おう さい　しゅう にん き

熙, 如享太牢, 如春登臺. 我獨泊兮其未兆, 如嬰
희　여향태뢰　여춘등대　아독박혜기미조　여영
xī　rú xiǎng tài láo　rú chūn dēng tái　wǒ dú bó xī qí wèi zhào　rú yīng
き　じょ きょう た ろう　じょ しゅん とう たい　が どく はく けい い み ちょう　じょ えい

兒之未孩, 儽儽兮若無所歸. 衆人皆有餘, 而我獨若
아지미해　래래혜약무소귀　중인개유여　이아독약
ér zhī wèi hái　lěi lěi xī rùo wú sǔo gūi　zhòng rén jiē yǒu yú　ér wǒ dú rùo
じ し み かい　らい らい けいじゃく む しょ　しゅう にん かい ゆう よ　じ が どく じゃく

遺. 我愚人之心也哉, 沌沌兮. 俗人昭昭, 我獨若昏.
유　아우인지심야재　돈돈혜　속인소소　아독약혼
yí　wǒ yú rén zhī xīn yě zāi　dùn dùn xī　sú rén zhāo zhāo　wǒ dú rùo hūn
い　が うん じ しん や さい　とん とん けい　ぞく にん しょう しょう　が どく じゃく こん

俗人察察, 我獨悶悶, 澹兮其若海, 飂兮若無止, 衆
속인찰찰　아독민민　담혜기약해　요혜약무지　중
sú rén chá chá　wǒ dú mèn mèn　dàn xī qí rùo hǎi　liáo xī rùo wú zhǐ　zhòng
ぞく にん さつ さつ　が どく もん もん　せん けい き じゃく かい　りゅう けいじゃく む し　しゅう

人皆有以, 而我獨頑似鄙. 我獨異於人, 而貴食母.
인개유이　이아독완사비　아독이어인　이귀식모
rén jiē yǒu yǐ　ér wǒ dú wán sì bǐ　wǒ dú yì yú rén　ér gùi shí mǔ
にん かい ゆう い　じ が どく がん じ ひ　が どく い お にん　じ き しょく ぼ

공부한다고 다 아는 게 아닙니다. '예'라고 공손히 말하는 것과 '응'이라고 말하는 게 그 거리가 멀지 않습니다. 선과 악 사이도 차이가 크지 않습니다. 사람들이 겁내는 걸 나도 꼭 두려워해야 합니까? 황당하기도 하고, 어리석기가 끝이 없습니다.

많은 사람들 희희낙락하며 큰 잔치를 벌인 것처럼, 봄날 망루에 올라 삶을 즐기지만, 나 홀로 고요히, 어떤 조짐과 표시도 없이. 아직 옹알이도 제대로 못하는 아이처럼 여기저기 다니지만, 돌아가서 머무를 곳도 없이. 모두 여유로운데 나는 빈털터리 되어, 참 바보처럼 살았습니다.

세상 사람들 모두 똑똑한데 나는 어리석고 어둡습니다. 나는 깊은 바다 같고, 멈추지 않는 바람 같습니다. 사람들 모두 뭔가를 잡고 있는데 나는 완고해서 쓰일 곳도 없습니다.

나는 사람들과 너무 달라서 어머니 한울님의 젖을 먹으며 대도大道 속에서 삽니다.

不是学了就懂得了. 恭敬地应答和随口答应, 两者的距离并不远. 赞美和厌恶之间, 并没有太大的差别. 我一定要畏惧人们恐惧的东西吗? 有时候觉得荒唐愚蠢至极.

很多人嬉嬉闹闹, 去举办庆典宴席, 站在春日的舞台去享受生活. 而我独自安静地没有什么表现, 像未曾开化的样子, 就像喃喃学语还不能说全一句话的孩子, 四处乱逛却没有可以停留的地方. 所有的人都自在欢乐, 而我像遗失了什么一样像个傻瓜.

所有人都很聪明, 而我愚昧拙笨, 昏昏然然. 我像幽深的大海, 像止不住的风. 所有人都在抓着点什么, 而我既顽固又鄙陋, 派不上什么用场.

我和人们实在不同, 是把喝着上天母亲的奶水, 在大道中生活看得高于一切啊!

学んでも全部知っているわけではありません。'はい'と丁寧に言うのと'うん'と言うのとがその距離は大きくないです。善と悪の間の差が大きくありません。人が怖がるものを私も必ず怖がらなければならないんですか。荒唐でもあり、愚かさでもあります。

多くの人々に喜喜楽楽として大きな宴を開いたように、春の日、楼に登って人生を楽しむが、私一人で静かに。どんな兆しと表示もなくまだ言葉も話せない赤ん坊ようにあちこち通っているが帰って泊まる所もないように、みんな余裕なのに私はすっからかんになって本当に馬鹿のように生きました。

世間の人はみんな賢いのに私は愚かで暗いです。私は深い海のようで、止まらない風のようです。人はみんな何かをつかんでいるのに、私は頑固で雇われるところもありません。

私は人と違いすぎて母女神様の乳を飲みながら大道(ダイタォ)の中で生きていきます。

21

孔 德 之 容,	唯 道 是 從.	道 之 爲 物,	惟 恍 惟 惚.	惚 兮
공 덕 지 용	유 도 시 종	도 지 위 물	유 황 유 홀	홀 혜
kǒng dé zhī róng	wéi dào shì cóng	dào zhī wéi wù	wéi huǎng wéi hū	hū xī
く とく し よう	い どう し じゅう	たお し い ぶつ	こう こつ ゆい こつ	こつ けい

恍 兮,	其 中 有 象.	恍 兮 惚 兮,	其 中 有 物.	窈 兮 冥
황 혜	기 중 유 상	황 혜 홀 혜	기 중 유 물	요 혜 명
huǎng xī	qí zhōng yǒu xiàng	huǎng xī hū xī	qí zhōng yǒu wù	yǎo xī míng
こう けい	き ちゅう ゆう しょう	こう けい こつ けい	き ちゅう ゆう ぶつ	よう けい めい

兮,	其 中 有 精.	其 精 甚 眞.	其 中 有 信.	自 古 及 今,	其
혜	기 중 유 정	기 정 심 진	기 중 유 신	자 고 급 금	기
xī	qí zhōng yǒu jīng	qí jīng shèn zhēn	qí zhōng yǒu xìn	zì gǔ jí jīn	qí
けい	き ちゅう ゆう せい	き せい じん しん	き ちゅう ゆう しん	じ こ きゅう きん	き

名 不 去,	以 閱 衆 甫.	吾 何 以 知 衆 甫 之 狀 哉?	以 此.
명 불 거	이 열 중 보	오 하 이 지 중 보 지 상 재	이 차
míng bù qù	yǐ yuè zhòng fǔ	wú hé yǐ zhī zhòng fǔ zhī zhuàng zāi	yǐ cǐ
めい ふ きょ	い れつ しゅう ほ	ご か い ち しゅう ほ し じょう さい	い し

큰 덕은 오직 도를 따릅니다. 도는 보일 듯 말 듯 입자와 파동의 양자역학 운동을 합니다. 원자 안에서 전자는 황恍의 입자와 홀惚의 파동 양면성을 가지며 황홀할 정도로 아름답게 생성하고 소멸합니다.

정기精氣가 물질의 중심에 있습니다. 정기가 물질의 진정한 모습입니다. 정기 속에 오행의 중심인 믿음(信)이 있습니다.

오랜 옛날부터 지금까지 그 이름이 사라지지 않는 것은 만물이 이렇게 시작했기 때문입니다. 제가 원자의 양자역학을 어떻게 알았겠습니까? 도를 통해 물질의 본 모습을 보기 때문입니다.

大德只追随着道, 道看得见, 又看不见. 犹如粒子波动的量子力学运动, 原子中的电子以其两面性存在着, 恍的粒子性和惚的波动性, 恍恍惚惚地生和灭.

在这样的幽暗之中, 有一个精神存在着. 这精神至真至切, 是物质真正的模样在他的中心充满了信.

长久以来, 他的名字从未抹去, 以便让人们看到一切事物的本源. 我怎么就能了解一切事物的本源呢? 是通过了道, 看到了物质的真实面貌.

大きな徳はただ道(タオ)に沿います。道は見えようにも見えないように粒子と波動の量子力学運動をします。原子内の電子は、恍の粒子と惚の波動と言う両面性を持ち、恍惚になるほど美しく生成し消滅します。精気が物質の中心にあります。精気が物質の真の姿です。精気の中に五行の中心である信があります。昔から今までその名が消えないのはすべての万物がこのように始めたからです。私が原子の量子力学をどうやって知るでしょうか。タオを通じて物質の本物を見るからです。

22

曲 則 全. 枉 則 直. 窪 則 盈. 幣 則 新. 少 則 得. 多 則
곡 즉 전　　왕 즉 직　　와 즉 영　　폐 즉 신　　소 즉 득　　다 즉
qǔ zé quán　wǎng zé zhí　wā zé yíng　bì zé xīn　shǎo zé dé　duō zé
きょく そく ぜん　おう そく ちょく　わ そく えい　へい そく しん　しょう そく とく　た そく

惑. 是 以 聖 人 抱 一, 爲 天 下 式. 不 自 見, 故 明. 不 自
혹　시 이 성 인 포 일　위 천 하 식　　부 자 견　　고 명　　부 자
hùo　shì yǐ shèng rén bào yī　wéi tiān xià shì　bù zì jiàn　gù míng　bù zì
わく　し い せい じん ほう いち　い てん か しき　ふ じ けん　こ めい　ふ じ

是, 故 彰. 不 自 伐, 故 有 功. 不 自 矜, 故 長. 夫 唯 不
시　고 창　　부 자 벌　　고 유 공　　부 자 긍　　고 장　　부 유 부
shì　gù zhāng　bù zì fá　gù yǒu gōng　bù zì jīn　gù cháng　fū wéi bù
し　こ しょう　ふ じ ばつ　く ゆ こう　ふ じ きん　く ちょう　ふ い ふ

爭, 故 天 下 莫 能 與 之 爭. 古 之 所 謂 曲 則 全 者, 豈 虛 言
쟁　고 천 하 막 능 여 지 쟁　　고 지 소 위 곡 즉 전 자　　개 허 언
zhēng　gù tiān xià mò néng yǔ zhī zhēng　gù zhī sǔo wèi qǔ zé quán zhě　qǐ xū yán
そう　く てん か ぼ のう よ し そう　こ し しょ い きょく そく ぜん しゃ　き きょ げん

哉? 誠 全 而 歸 之.
재　성 전 이 귀 지
zāi　chéng quán ér gūi zhī
さい　せい ぜん じ き し

(도와 물질의 양면성을 알고서 세상을 보면 고정된 것은 없습니다.) 굽으
면 바르게 되고, 나무 가지가 휘더라도 줄기는 곧습니다. 움푹 파
이면 채워지고 낡은 것은 새로워집니다. 적으면 얻고 많으면 흩
어집니다. 그래서 성인은 서로 다른 것을 하나로 품어 모범을 보
여 줍니다.

내가 찾은 게 아니라고 생각하면 누구나 알게 되고, 내가 옳다고
말하지 않더라도 누가 옳은지 밝혀집니다. 내가 스스로 자랑하

고 우쭐거리지 않으면 애쓴 것이 알려지고, 오래갑니다.
겨루려고 하지 않는데 누가 싸우겠습니까? 옛 사람들이 휘면 바르게 될 것이라고 말한 것이 어떻게 헛말이겠습니까? 우리 정성을 다해 이런 마음으로 돌아갑시다.

如果懂得道和物质的两面性而看世界, 世界就没有固定的东西. 受到了屈折, 反而得到端正. 受了歪斜, 却得以伸直. 挖空的, 得以被填满. 残旧的东西, 得到了新生. 缺乏了, 就会得到. 过多了, 就会分散. 因此圣人把不一样的东西都当作一个, 来予人作为模范, 教人们认识道.

不自以为能看见, 所以看得分明. 不必说我是对的, 谁是对的, 自然会昭显. 如果不自己夸耀自己, 不骄傲, 那么你的努力也会被人知道, 可以长久.

你不想和人争执, 谁又能和你吵起来呢? 古人说, 曲则全, 这句话哪里是虚言呢? 我们要努力回归到这样的心态.

(道[タオ]と物質の両面性を知って世の中を見たら固定されたものはありません。)
曲がると正しくなり、木の枝が撓んでも茎はまっすぐです。凹むと埋められて、古いものは新しくなります。少なければ得て、多ければ散らばります。それで聖人はお互いに違うことを一つに抱いて模範を見せてくれます。

自分で探したわけではありませんと思ったら誰でも分かれるし、自分が正しいと言わなくても誰が正しいのか明らかにされます。自分で自慢せず、いい気にならな

ければ、頑張ったことがわかってもらえ、長続きします。

競おうとしないのに誰が争いますか。昔の人々が曲がっても正しくなるだろうと言ったのは、どうして無駄なことでしょうか。皆さんの真心を尽くして、このような心に戻りましょう。

23

希 言 自 然.　　故 飄 風 不 終 朝,　　驟 雨 不 終 日.　　孰 爲 此
회 언 자 연　　　고 표 풍 부 종 조　　　취 우 부 종 일　　　숙 위 차
xī yán zì rán　　gù piāo fēng bù zhōng zhāo　zhòu yǔ bù zhōng rì　shú wéi cǐ
き げん し ぜん　　こ ひょう ふ ふ しゅう ちょう　しゅう う ふ しゅう じつ　じゅく い し

者?　天 地.　　天 地 尙 不 能 久,　　而 況 於 人 乎?　　故 從 事 於
자　천 지　　　천 지 상 불 능 구　　　이 황 어 인 호　　　고 종 사 어
zhě　tiān dì　　tiān dì shàng bù néng jiǔ　ér kuàng yú rén hū　gù cóng shì yú
しゃ　てん ち　　てん ち しょう ふ のう きゅう　じ きょう お じん こ　こ じゅう じ お

道 者,　道 者 同 於 道,　　德 者 同 於 德,　　失 者 同 於 失.　　同 於
도 자　　도 자 동 어 도　　　덕 자 동 어 덕　　　실 자 동 어 실　　　동 어
dào zhě　dào zhě tóng yú dào　dé zhě tóng yú dé　shī zhě tóng yú shī　tóng yú
たお しゃ　たお しゃ どう お たお　とく しゃ どう お とく　しつ しゃ どう お しつ　どう お

道 者,　道 亦 樂 得 之.　　同 於 德 者,　　德 亦 樂 得 之.　　同 於 失
도 자　　도 역 락 득 지　　　동 어 덕 자　　　덕 역 락 득 지　　　동 어 실
dào zhě　dào yì lè dé zhī　tóng yú dé zhě　dé yì lè dé zhī　tóng yú shī
たお しゃ　たお えき らく とく し　どう お とく しゃ　とく えき らく とく し　どう お しつ

者,　失 亦 樂 得 之.　　信 不 足 焉,　　有 不 信 焉.
자　실 역 락 득 지　　　신 부 족 언　　　유 불 신 언
zhě　shī yì lè dé zhī　xìn bù zú yān　yǒu bù xìn yān
しゃ　しつ えき らく とく し　しん ふ ぞく えん　ゆ ふ しん えん

자연은 말이 없습니다. 회오리 바람이 아침나절이 지나지 않아
멈추듯이, 소나기가 하루종일 휘몰아치지 않듯이, 하늘과 땅은
(많이 말하지 않습니다). 하늘과 땅도 이러는데 사람은 어떻게 해야
겠습니까?
도를 따른다는 것은 이렇습니다. 도의 삶은 진리와 같이 갑니다.
덕의 삶은 착하고 선한 마음이 늘 같이 있습니다. 도와 덕을 잃어
버렸을 때도 마찬가지입니다. 도와 덕을 따라 살지 않더라도 의미

가 있습니다. 그래서 도의 삶을 사는 사람은 도로 인해 기쁨을 얻고, 덕의 삶을 사는 사람도 덕으로 인해 기쁨을 얻습니다. 도와 덕을 잃어버리더라도 우리는 기뻐할 수 있습니다. (이것은 다 이해할 수 있는 게 아닙니다. 도와 덕의 길을 잃더라도 우리는 성장합니다.)

(자연이 모든 걸 다 말하지 않듯이 다 말하지 않아도 됩니다.) 서로 믿지 못하면 모든 걸 다 설명해야 하고, 말로 판단하다 보면 불신이 따라옵니다.

自然是无言的. 就像龙卷风刮不了一清晨, 暴雨下不了一整日. 兴起风雨的天地尚且不多语,

追求道也是这样的—— 道的人生是和真理同行的. 德的人生是和真善的心同行的. 失去道和德也是同样的, 就算不追随道和德而好好活着也有意义. 因此, 得道的人, 因为有道得到了快乐, 得德的人, 因为有德得到了快乐 就算失去了道德, 我们也可以快乐. 这不是谁都可以理解的. 就算在失去道和德的路上迷路, 我们也可以成长.

自然不必说一切. 如果彼此不信任的话, 要说明一切, 用语言判断的话会产生不信任感.

自然は言葉がありません。旋風は明け方から止むように夕立がしばらくしたら止むように天と地は(多くを語りません。)天と地もこうなので人はどうすればいいですか。

道(タオ)に従うというのはこうです。タオの生は真理と一緒に行きます。徳の生は素直で善良な心が常に一つになっています。タオと徳を失った時でも同じです。タオと徳が見えなくて迷うことにも意味があります。それで、タオの人生を生きる人はタオによって喜びを得て、徳の人生を生きる人も、徳によって喜びを得ます。もしタオと徳を失っても、私たちは喜ぶことができます。(これはすべて理解できるものではありません。タオと徳のみちを失っても私たちは成長します。)

(自然が全てのことを語らないように全部全てを語らなくてもいいです。)お互いに信じられなかったら、全てを説明しなければならないし、言葉で判断していると不信が伴います。

24

企者不立. 跨者不行. 自見者不明. 自是者不彰. 自
기 자 불 립   과 자 불 행   자 견 자 불 명   자 시 자 불 창   자
qǐ zhě bù lì   kuà zhě bù xíng zì jiàn zhě bù míng zì shì zhě bù zhāng zì

伐者無功. 自矜者不長. 其在道也, 曰餘食贅行. 物
벌 자 무 공   자 궁 자 부 장   기 재 도 야   왈 여 식 췌 행   물
fá zhě wú gōng zì jīn zhě bù cháng qí zài dào yě   yuē yú shí zhuì xíng wù

有惡之. 故有道者不處.
유 오 지   고 유 도 자 불 처
yǒu wù zhī   gù yǒu dào zhě bù chǔ

남들보다 커 보이기 위해 까치발하는 사람은 오래 서 있을 수 없
고, 남들보다 빨리 가기 위해 큰 걸음 떼는 사람은 오래 걸을 수
없습니다.

내가 안다고 말하는 사람, 내가 옳다고 말하는 사람, 내가 찾아냈
다고 말하는 사람, 내 힘으로 해냈다고 하는 사람. 이런 사람 모
두 아는 게 아니고 돋보이지도 않고 헛수고이고 오래가지 못합
니다. 도에서는 이런 걸 밥찌꺼기 같다거나 쓸데없는 군더더기
라고 말합니다.

이런 일은 물질과 도의 참 모습이 아닙니다. 도를 따르는 사람은
이런 일에 마음 쓰거나 집착하지 않습니다.

为了显得比别人高而踮起脚的人，不能长久地站立. 为了比别人走得快跨大步走的人，无法走得远.

说我自己是对的，说是我自己找到的人，说是用自己的力量完成的人这样的人他并不知道全部的奥秘. 他并不比别人优越，他所做的都是徒劳，不能长久. 从道来看这种人，就像多余的剩饭，累赘的事，属于无处可用的东西.

追随于道的人是不会在这种层面上用心的.

他人より大きく見せるために背伸びする人は長く立っていられず、他人より早く行くために足を広げながら歩く人は長く歩くことができません。

自分は知っていると言う人、自分が正しいと言う人、自分が見つけたと言う人、自分の力でやり遂げたという人。こんな人であってもすべて知っているわけではないし、目立つこともできず、無駄骨で長続きしません。道(タオ)のことで言うと余った食べ物、余計な振る舞いと言います。

こんなことは物質とタオの本当の姿ではありません。タオに従う人は、このようなことに気を使ったり執着したりしません。

VI
道法自然
25장~31장

도는 크다.

道是大的.

道(タオ)は大きい.

25

有 物 混 成,   先 天 地 生.   寂 兮 寥 兮,   獨 立 不 改,   周 行
유 물 혼 성   선 천 지 생   적 혜 요 혜   독 립 불 개   주 행
yǒu wù hùn chéng   xiān tiān dì shēng   jì xī liáo xī   dú lì bù gǎi   zhōu xíng
ゆ ぶつ こん せい   せん てん ち せい   じゃく けい りょう けい   どく りつ ふ かい   しゅう こう

而 不 殆,   可 以 爲 天 下 母.   吾 不 知 其 名,   字 之 曰 道,   強
이 불 태   가 이 위 천 하 모   오 불 지 기 명   자 지 왈 도   강
ér bù dài   kě yǐ wéi tiān xià mǔ   wú bù zhī qí míng   zì zhī yuē dào   qiáng
じ ふ たい   か い い てん か ぼ   ご ふ し ぎ めい   じ し えつ たお   きょう

爲 之 名 曰 大.   大 曰 逝.   逝 曰 遠,   遠 曰 反.   故 道 大.   天
위 지 명 왈 대   대 왈 서   서 왈 원   원 왈 반   고 도 대   천
wéi zhī míng yuē dà   dà yuē shì   shì yuē yuǎn   yuǎn yuē fǎn   gù dào dà   tiān
い し めい えつ だい   だい えつ せい   せい えつ えん   えん えつ はん   こ たお だい   てん

大,   地 大,   王 亦 大.   域 中 有 四 大,   而 王 居 其 一 焉.   人
대   지 대   왕 역 대   역 중 유 사 대   이 왕 거 기 일 언   인
dà   dì dà   wáng yì dà   yù zhōng yǒu sì dà   ér wáng jū qí yī yān   rén
だい   ち だい   おう えき だい   いき ちゅう ゆ し だい   ぎ おう きょ ぎ いち えん   じん

法 地,   地 法 天,   天 法 道,   道 法 自 然.
법 지   지 법 천   천 법 도   도 법 자 연
fǎ dì   dì fǎ tiān   tiān fǎ dào   dào fǎ zì rán
ほう ち   ち ほう てん   てん ほう たお   たお ほう し ぜん

혼돈 속에서 세상이 창조되었습니다. 혼돈은 하늘과 땅보다 먼저 있었습니다. 혼돈은 적막하고 쓸쓸했습니다. 혼돈은 무엇에 의지하지 않고 홀로 서 있고 변함이 없습니다. 세상을 두루두루 보살피고 게으르지 않습니다. 이 세상을 창조한 세상 만물의 어머니입니다.

나는 혼돈의 이름을 모릅니다. 글자로 쓰면 '도道'라고 쓸 수 있습니다. 굳이 그 이름을 말해야 한다면 '클 대大'라고도 할 수 있

습니다. 크다는 것은 미치지 않는 곳 없이 멀리 가는 것이지만 멀리 가면 돌아오게 됩니다.

그래서, 도道, 하늘, 땅을 크다고 하는 것입니다. 성인 같은 왕王도 큽니다. 큰 것 네 가지에 왕이 들어가는 이유도 왕이 되기 위해서는 나아가고 돌아오는 힘을 같이 가지고 있어야 하기 때문입니다. 성인은 땅을 따릅니다. 땅은 하늘을 따릅니다. 하늘은 도道를 따릅니다. 도道는 무위자연無爲自然의 혼돈으로 돌아갑니다.

混沌中, 世界被创造了. 混沌是先于天和地的, 混沌是寂寞孤独的, 混沌不依靠某物, 独自自在地变化着. 它均衡地关照着世界, 永不疲倦, 称得上是创造世界万物的母亲.

我不知道混沌的名字, 用字来写的话, 可以写作"道"如果要给它命名的话, 可以叫做"大"大, 无穷无尽, 无限飞逝, 走得越来越远, 但是走到了尽头又会再次折返. 因此, 道, 天, 地是大, 像圣人一样的王也可说是大, 王之所以被包含了进来, 是因为要成为王, 要同时拥有可进, 可退的两面性力量. 圣人追随地, 地追随天, 天追随道, 道回到无为自然的混沌中.

混沌の中で世の中が創造されました。混沌は天と地より先にありました。混沌は寂しくて孤独でした。混沌は何にも頼らず一人で立っていて、変わりがありません。世の中をあまねく見守って、怠惰ではありません。この世の中を創造した世界万物

の母です。

私は混沌の名前を知りません。文字で書くと"道"と書きます。敢えてその名前を言うと"大"とも言えます。大きいということは、及ばない所なく遠くへ行くですが、遠くに行けば戻ってくるようになります。

それで道(タオ)、天、地が大きいということです。聖人のような王も大きいです。大きなこと四つに王が入って行く理由も王になるためには、進んで戻る力を一緒に持っていなければならないためです。聖人は地に従います。地は天に従います。天は道に従います。道は無為自然の混沌に戻ります。

26

重 爲 輕 根,　靜 爲 躁 君.　是 以 聖 人 終 日 行,　不 離 輜
중 위 경 근　정 위 조 군　시 이 성 인 종 일 행　불 리 치
zhòng wéi qīng gēn　jìng wéi zào jūn　shì yǐ shèng rén zhōng rì xíng　bù lí zī
じゅう い けい こん　せい い そう くん　し い せい じん しゅう じつ こう　ふ り し

重.　雖 有 榮 觀,　燕 處 超 然.　奈 何 萬 乘 之 主,　而 以
중　수 유 영 관　연 처 초 연　내 하 만 승 지 주　이 이
zhòng　suī yǒu róng guān　yàn chǔ chāo rán　nài hé wàn chéng zhī zhǔ　ér yǐ
じゅう　すい ゆ えい かん　えん しょ ちょう ぜん　な か まん じょう し しゅ　じ い

身 輕 天 下?　輕 則 失 本,　躁 則 失 君.
신 경 천 하　경 즉 실 본　조 즉 실 군
shēn qīng tiān xià　qīng zé shī běn　zào zé shī jūn
しん けい てん か　けい そく しつ ほん　そう そく しつ くん

무거운 것은 가벼운 것의 뿌리입니다. 고요함은 조급함을 이끌고
갑니다. 성인은 하루종일 자기의 무거운 짐을 가지고 걷습니다.
화려한 것이 눈앞에 지나가도 초연하게 바라봐야 합니다. 수만의
군대를 지휘하는 임금이 어떻게 가볍게 움직일 수 있겠습니까?
가벼우면 뿌리가 뽑히고, 조급하면 나라를 잃게 됩니다.

重, 是轻的根基. 宁静, 像主人拉动着躁动之物往前. 所以圣人整天背着自己的包
袱向前行走. 就算华丽的东西飘过眼前也要超然的看待. 指挥着数万人的军队的
王君, 怎么可以轻举妄动呢? 轻慢的话, 根基就会被拔掉. 骄躁的话, 就会失控以
至于亡国.

重いのは軽いものの根です。静かさは焦さを引き率いていきます。聖人は一日中自分の重荷を持って歩きます。華やかなのが目の前を過ぎても超然として眺めなければなりません。数万の軍隊を指揮する王様はどうやって軽く動けるものでしょうか。軽ければ根が抜かれ、焦ると国を失います。

27

善行無徹迹,
선 행 무 철 적
shàn xíng wú chè jì
ぜん こう む てつ せき

善言無瑕讁.
선 언 무 하 적
shàn yán wú xiá zhé
ぜん げん む か たく

善數不用籌策.
선 수 불 용 주 책
shàn shù bù yòng chóu cè
ぜん す ふ よう しゅう さく

善閉無
선 폐 무
shàn bì wú
ぜん へい む

關楗而不可開,
관 건 이 불 가 개
guān jiàn ér bù kě kāi
かん けん じ ふ か かい

善結無繩約而不可解.
선 결 무 승 약 이 불 가 해
shàn jié wú shéng yuē ér bù kě jiě
ぜん けつ む じょう やく じ ふ か かい

是以聖人
시 이 성 인
shì yǐ shèng rén
し い せい じん

常善救人,
상 선 구 인
cháng shàn jiù rén
じょう ぜん きゅうじん

故無棄人.
고 무 기 인
gù wú qì rén
こ む き じん

常善救物,
상 선 구 물
cháng shàn jiù wù
じょう ぜん きゅう ぶ

故無棄物.
고 무 기 물
gù wú qì wù
こ む き ぶつ

是謂
시 위
shì wèi
し い

襲明.
습 명
xí míng
しゅう めい

故善人者,
고 선 인 자
gù shàn rén zhě
こ ぜんじん しゃ

不善人之師,
불 선 인 지 사
bù shàn rén zhī shī
ふ ぜんじん しゃ

不善人者,
불 선 인 자
bù shàn rén zhě
ふ ぜんじん しゃ

善人之
선 인 지
shàn rén zhī
ぜんじん し

資.
자
zī
し

不貴其師,
불 귀 기 사
bù guì qí shī
ふ き ぎ し

不愛其資,
불 애 기 자
bù ài qí zī
ふ あい ぎ し

雖智大迷.
수 지 대 미
suī zhì dà mí
すい ち だい めい

是謂要妙.
시 위 요 묘
shì wèi yào miào
し い ようみょう

일을 잘하는 사람은 일한 흔적을 남기지 않습니다. 말을 잘하는 사람은 말에 흠이 없습니다. 계산을 잘하는 사람은 계산기로 하지 않습니다. 선한 사람은 빗장을 걸지 않고도 살 수 있습니다. 매듭을 하고 새끼줄로 졸라매지 않아도 됩니다.

성인은 꼭 필요한 사람을 찾아내고 아무도 버리지 않습니다. 성인은 어디서든 필요한 것을 찾아내고 물건을 함부로 쓰지 않습니다. 성인은 사람과 사물의 양면성을 이해하고 살려서 오래된 빛을 미래에 이어주는 '습명襲明의 지혜'를 가지고 있습니다.
선한 사람은 선하지 않은 이들의 스승입니다. 선하지 않은 사람들은 우리 삶의 거울이 되어 자신을 돌아보는 데 도움이 됩니다. 서로 귀하게 여기고 사랑하지 않으면 지혜롭다고 생각하더라도 치우치게 되어 길을 잃습니다. 이것이 양면성을 이해하는 '요묘要妙한' 지혜입니다.

事情做得好的人, 不会有做事的痕迹. 话说得好的人, 话里留不下把柄. 计算好的人, 不是用计算机来计算的. 善关门的人, 不用拴上门插也无人能开, 善于捆绑的用不到绳子也能打结, 却无人可解开.

圣人就是这样, 寻找到自己需要的人, 无人被弃之不顾, 圣人不管在哪里都会找到自己要的东西没有什么东西会被随便浪费掉. 如此世上的人和物才长久地被爱惜和承袭下来, 给未来传递光明.

所以说, 善人是不善人的老师, 不善人也可以成为我们生命中的镜子来回顾自我. 如果不以对方为贵, 不相互尊重的话, 就算自认为自己是智慧的, 也会偏颇迷路. 这就是智慧的要妙之处.

仕事が上手な人は仕事の痕跡を残しません。話し上手な人は話に欠点がありません。計算がうまい人は計算機でするのではありません。善い人は扉にかんぬきをか

けなくても生きて行けます。結ばなくてもなわで締めなくてもいいです。

聖人は必ず必要な人を探し出して誰も捨てません。聖人はどこでも必要なものを見つけ出し、物を勝手に使いません。聖人は人と物の両面性を理解し、生かして、古い光を未来につなぐ"襲明の知恵"を持っています。

善良な人は善良でない人の師匠です。善良でない人はみんなの人生の鏡になって自分を振り返るのに役立ちます。お互いに大切にして愛さなければ賢いと思っても偏ってしまって道に迷います。これが両面性を理解する"要妙な知恵"です。

28

知 其 雄, 守 其 雌, 爲 天 下 谿.
지 기 웅 수 기 자 위 천 하 계
zhī qí xióng　shǒu qí cí　wéi tiān xià xī
ち ぎ ゆう　す ぎ し　い てん か けい

爲 天 下 谿,　常 德 不 離,
위 천 하 계　상 덕 불 리
wéi tiān xià xī　cháng dé bù lí
い てん か けい　しょう とく ふ り

復 歸 於 嬰 兒.　知 其 白, 守 其 黑,　爲 天 下 式.
복 귀 어 영 아　지 기 백 수 기 흑　위 천 하 식
fù guī yú yīng ér　zhī qí bái　shǒu qí hēi　wéi tiān xià shì
ふく き お えい じ　ち ぎ はく　す ぎ こく　い てん か しき

爲 天 下 式,
위 천 하 식
wéi tiān xià shì
い てん か しき

常 德 不 忒,　復 歸 於 無 極.　知 其 榮, 守 其 辱,　爲 天 下
상 덕 불 특　복 귀 어 무 극　지 기 영 수 기 욕　위 천 하
cháng dé bù tūi　fù guī yú wú jí　zhī qí róng　shǒu qí rǔ　wéi tiān xià
じょう とく ふ とく　ふく き お む きょく　ち ぎ えい　す ぎ じょく　い てん か

谷.　爲 天 下 谷,　常 德 乃 足,　復 歸 於 樸.　樸 散 則 爲 器.
곡　위 천 하 곡　상 덕 내 족　복 귀 어 박　박 산 즉 위 기
gǔ　wéi tiān xià gǔ　cháng dé nǎi zú　fù guī yú pǔ　pǔ sǎn zé wéi qì
こく　い てん か こく　じょう とく ない そく　ふく き お ぼく　ぼく さん そく い き

聖 人 用 之,　則 爲 官 長.　故 大 制 不 割.
성 인 용 지　즉 위 관 장　고 대 제 불 할
shèng rén yòng zhī　zé wéi guān zhǎng　gù dà zhì bù gē
せい じん よう し　そく い かん ちょう　こ だい せい ふ かつ

남성성의 힘을 알지만, 품어 안는 여성성의 자리에 섭시다. 깊은
협곡 같은 텅 빈 마음입니다. 이런 마음을 가지면 변함이 없게
되고, 남성성과 여성성이 나누어지지 않은 어린아이처럼 순수한
마음으로 돌아갑니다.

무엇이 희고 검은지 알지만 검은 것을 버리지 맙시다. 다르더라
도 받아들이는 것은 좋은 삶의 모범이 됩니다. 세상은 이런 사람
을 본받아 각자 자기 자리를 지키고, 흑백을 나누지 않는 '무극無

極'으로 돌아갑니다.

명예를 얻을 수 있더라도, 욕먹는 자리에 섭시다. 골짜기로 시냇물이 모여들 듯이 서로 마음이 채워지고 다듬지 않은 통나무처럼 영욕榮辱에 매이지 않게 됩니다.

다듬지 않은 통나무 같은 사람들을 쪼개어 쓸모 있는 그릇을 만든다고 해 봅시다. 성인은 그들을 이용해서 자신은 왕이 되고 신하로 삼을 겁니다. (이게 바람직한가요?) 훌륭한 장인이 통나무를 함부로 자르지 않듯이 사람들을 쓸모로만 다루어선 안 됩니다.

我们知道可以使用男性的力量, 但还是使用包容性的女性力量吧, 这是像天下溪谷一样的心, 拥有这样的心, 永恒的德就不再离失, 使人回到了尚未分男性心和女性心之前的像孩童一样的心.

就算知道什么是白什么是黑, 也不要扔掉黑. 甘作接纳一切的人, 永恒的德就不会有偏差, 能让人渐渐能找到自己的本位, 再次回到不分黑白的无极状态.

就算深知荣华显耀, 也可站在受辱的位置上. 就像空空荡荡的山谷, 虽然虚无, 却被永恒的充足填满. 能使人回到了混沌厚重的朴素状态.

这样的朴素状态如果被分散, 就能成为各种功能性的器物. 那么, 想象一下, 圣人会不会自己成为王, 然后利用这些朴素的人们, 让他们成为属下, 这是好事吗?

就像匠人是不会随意地利用原木的, 圣人也不会随意地为了需要把人进行裁割.

男性性の力が使えるが、胸に抱く女性性の力を使いましょう。深い峡谷のようながら空の心です。このような心を持てばいつも変わらぬ、男性性と女性性に分かれていない子供のように純粋な心に戻ります。

何が白くて黒いか知っていても、黒いものを捨てないことにしましょう。違っても受け入れることは良い人生の模範になります。世の中はこんな人を見習って各自自分の席を守り、黒白を分けない"無極"に戻ります。名誉を得ても、悪口を言われる位置に立ちましょう。谷間に小川が集まるようにお互い心が満たされ、粗丸太のように栄辱に気を気に掛けなくなります。

例えば、整えられていない丸太のような人々を細かく分け、使い物になる器を作るとしましょう。聖人は彼らを利用して、自分は王になり、臣下にするはずです。(これが望ましいですか?)立派な職人が丸太をむやみに切らないように、人を物の用ばかりで扱ってはいけません。

29

將 장 jiāng そう	欲 욕 yù よく	取 취 qǔ しゅ	天 천 tiān てん	下 하 xià か	而 이 ér じ	爲 위 wéi い	之, 지 zhī し	吾 오 wú ご	見 견 jiàn けん	其 기 qí ぎ	不 부 bù ふ	得 득 dé とく	已. 이 yǐ い	天 천 tiān てん	下 하 xià か	神 신 shén しん	器, 기 qì き	不 불 bù ぶ	可 가 kě か

將欲取天下而爲之, 吾見其不得已. 天下神器, 不可
爲也. 爲者敗之, 執者失之. 故物或行或隨, 或㰦或
吹, 或强或羸, 或接或墮. 是以聖人去甚, 去奢, 去
泰.

이 세상을 휘어잡고 뭔가 해 보겠다고 하는 사람들이 있는데 나
는 그들이 아무것도 얻지 못하는 것을 봤습니다. 이 세상은 하늘
에 제사 드리는 신령스러운 그릇(神器)과 같습니다. 뭘 어떻게 한
다고 되는 게 아닙니다. 실패하게 됩니다. 잡으려고 하면 잃을
뿐입니다.

세상과 물질은 양면성을 가지고 있어서 앞서갈 때가 있고 뒤따를
때가 있고, '하~' 하고 따뜻한 입김을 보내기도 하고, '후~' 불어서
차게 식히기도 하고, 강하게 하기도 하고 약하게 하기도 하고, 더
실어서 쌓기도 하고 무너뜨리기도 합니다. 그래서 성인은 한쪽으

로 치우치거나 극단적인 이상주의(泰)에서 거리를 둡니다.

有紧抓着这个世界, 想要成就点什么的人但我看他们最后什么也没有得到. 这个
世界就像向上天祭祀的神圣的神器, 不是你想做什么就能做成什么, 刻意努力就
会失败, 强力抓取就会失去.
世界和物质拥有两面性, 有先前行的, 就有尾追不舍的. 有哈暖风的, 就有吹冷风
的, 有促其强盛的, 就有令其衰弱的, 有承载的, 就有颠覆的. 因此圣人不会向任何
一处偏颇, 摒弃一切强求的, 过分的和恣意的行为, 离极端的理想主义保持距离.

この世の中で何かやってみようと思っている人がいるのですが、私は彼らが何も
得ることができないのを見ました。この世は天に祭祀を捧げる神器と同じです。何
をどうすればいいというわけではありません。失敗することになります。掴もうとす
れば失うだけです。
世の中と物質は両面性を持っていて先へ進む時があって、付いて行く時があって、
'ハ~'と暖かい息を送ったり、'フ~'と吹いて冷ましたり、強くしたり弱くしたり、もっ
と積んで積み上げたり崩したりします。それで聖人は片方に偏ったり極端な理想
主義(泰)から距離を置きます。

30

以 道 佐 人 主 者,
이 도 좌 인 주 자
yǐ dào zǔo rén zhǔ zhě
い たお さ じん しゅ しゃ

不 以 兵 强 天 下.
불 이 병 강 천 하
bù yǐ bīng qiáng tiān xià
ふ い へい きょう てん か

其 事 好 還.
기 사 호 환
qí shì hǎo huán
ぎ じ こう かん

師 之 所
사 지 소
shī zhī sǔo
し し しょ

處, 荊 棘 生 焉.
처 형 극 생 언
chǔ jīng jí shēng yān
しょ けい きょく せい えん

大 軍 之 後,
대 군 지 후
dà jūn zhī hòu
だい ぐん し ご

必 有 凶 年.
필 유 흉 년
bì yǒu xiōng nián
ひつ ゆ きょう ねん

善 者 果 而 已,
선 자 과 이 이
shàn zhě gǔo ér yǐ
ぜん しゃ か じ い

不 敢 以 取 强.
불 감 이 취 강
bù gǎn yǐ qǔ qiáng
ふ かん い しゅ きょう

果 而 勿 矜,
과 이 물 긍
gǔo ér wù jīn
か じ もち きん

果 而 勿 伐,
과 이 물 벌
gǔo ér wù fá
か じ もつ ばつ

果 而 勿 驕,
과 이 물 교
gǔo ér wù jiāo
か じ もつ きょう

果 而
과 이
gǔo ér
か じ

不 得 已,
부 득 이
bù dé yǐ
ふ とく い

果 而 勿 强.
과 이 물 강
gǔo ér wù qiáng
か じ もつ きょう

物 壯 則 老,
물 장 즉 로
wù zhuàng zé lǎo
ぶつ そう そく ろう

是 謂 不 道,
시 위 부 도
shì wèi bù dào
し い ふ だお

不 道 早
부 도 조
bù dào zǎo
ふ だお そう

已.
이
yǐ
い

군주를 돕는 사람은 왕이 강한 군대와 힘으로 세상에 군림하게
해서는 안 됩니다. 반드시 대가를 치르게 됩니다. 전쟁이 지나간
자리에는 가시덤불이 자라고 군대를 움직이고 나면 흉년이 듭
니다. 군대를 쓸 줄 아는 사람은 정치적 목적을 이루었으면 바로
멈추고 강하게 밀어붙이지 않습니다.

전쟁의 결과를 자랑하거나 뽐내거나 교만해선 안 됩니다. 어쩔
수 없어서 한 일이라고 생각하고 군림하려 해선 안 됩니다. 무엇

이나 기운이 지나치게 강한 것은 쇠하게 됩니다. 지나친 것은 도
道가 아니어서 금방 시들어 버립니다.

协助君主的人, 不能让王依靠武力去征服世界, 这样一定会付出代价. 战争横扫
过的地方, 荆棘会长出来. 军队出击之后, 接下来就是饥荒的凶年. 懂得用兵的
人, 达到政治目的之后, 就会停止, 不会再进行强力逼迫.

对战争的结果不会骄傲或自满. 他会想着这是不得已的事, 不会有君临其上的姿
态. 任何事物一旦逞强, 就会衰竭. 因这不是出于道. 不是出于道的, 注定很快衰
败凋谢.

君主を助ける人は、王が強い軍隊と力で世の中に君臨するようにさせてはいけま
せん。必ず代償を払うことになります。戦争が勃発した場所には茨の薮が育ち、軍
隊を動かせば凶年になります。軍隊が使える人は、政治的目的を成せば、すぐに止
まり、強く推し進めません。

戦争の結果について誇ったり、自慢したりしてはいけません。仕方がなくてしたこ
とだと思って君臨しようとしてはなりません。何でも力が強すぎるのは、衰えるこ
とになります。過ぎたことは道(タオ)ではないのですぐ萎んでしまいます。

31

夫 佳 兵 者,　不 祥 之 器,　物 或 惡 之.　故 有 道 者 不 處.　君
부 가 병 자　불 상 지 기　물 혹 오 지　고 유 도 자 불 처　군
fū jiā bīng zhě　bù xiáng zhī qì　wù hùo wù zhī　gù yǒu dào zhě bù chǔ　jūn
ふ へいしゃ　ふ しょうし き　ぶつ こく あくし　こ ゆう どうしゃ ふ し　くん

子 居 則 貴 左,　用 兵 則 貴 右.　兵 者,　不 祥 之 器,　非 君 子
자 거 즉 귀 좌　용 병 즉 귀 우　병 자　불 상 지 기　비 군 자
zǐ jū zé gùi zuǒ　yòng bīng zé gùi yòu　bīng zhě　bù xiáng zhī qì　fēi jūn zǐ
し きょ そく き さ　よう へい そく き う　へい しゃ　ふ しょうし き　ひ くん し

之 器.　不 得 已 而 用 之,　恬 淡 爲 上,　勝 而 不 美.　而 美
지 기　부 득 이 이 용 지　염 담 위 상　승 이 불 미　이 미
zhī qì　bù dé yǐ ér yòng zhī　tián dàn wéi shàng　shèng ér bù měi　ér měi
し き　ふ とく い じ ようし　てん たん い じょう　しょう じ ぶ び　じ び

之 者,　是 樂 殺 人.　夫 樂 殺 人 者,　則 不 可 以 得 志 於 天 下
지 자　시 락 살 인　부 락 살 인 자　즉 불 가 이 득 지 어 천 하
zhī zhě　shì lè shā rén　fū lè shā rén zhě　zé bù kě yǐ dé zhì yú tiān xià
し しゃ　し らく さつじん　ふ らく さつじんしゃ　そく ふ か い とくし お てん か

矣.　吉 事 尚 左,　凶 事 尚 右.　偏 將 軍 居 左,　上 將 軍
의　길 사 상 좌　흉 사 상 우　편 장 군 거 좌　상 장 군
yǐ　jí shì shàng zuǒ　xiōng shì shàng yòu　piān jiāng jūn jū zuǒ　shàng jiāng jūn
い　きち じ しょう さ　きょう じ しょう う　へん しょうぐん きょ さ　じょう しょうぐん

居 右,　言 以 喪 禮 處 之.　殺 人 之 衆,　以 哀 悲 泣 之.　戰
거 우　연 이 상 례 처 지　살 인 지 중　이 애 비 읍 지　전
jū yòu　yán yǐ sàng lǐ chǔ zhī　shā rén zhī zhòng　yǐ āi bēi qì zhī　zhàn
きょ う　げん い そう れいしょうし　さつじん し しょう　い あい ひ きょうし　せん

勝,　以 喪 禮 處 之.
승　이 상 례 처 지
shèng　yǐ sàng lǐ chǔ zhī
しょう　い そう れいしょ し

성능 좋은 무기, 강한 군대는 사람 죽이는 불길한 도구(不祥之器)

여서 모두가 싫어합니다. 지혜로운 사람은 무기와 군대를 쓰지

않습니다. 군자는 평소에는 왼쪽을 높이지만, 군대를 써야 할 때

는 오른쪽을 높입니다. 병兵은 불길한 것이어서 군자가 쓸 도구가 아닙니다.

어쩔 수 없이 군대를 동원해야 한다면, 욕심 없이 담담한 마음을 가져야 합니다. 이기는 것이 좋은 일이 아닙니다. 전쟁의 승리를 미화하는 것은 사람 죽이기를 좋아하는 것입니다. 살인을 즐기는 자가 어떻게 사람들의 마음을 얻을 수 있겠습니까!

좋은 일은 왼쪽을 높이고, 흉한 일은 오른쪽을 높입니다. 군대에서 부사령관을 왼쪽에, 총사령관을 오른쪽에 앉게 하는 이유는 전쟁을 상례喪禮로 생각하기 때문입니다. 많은 사람들을 죽인 일, 전쟁에서 승리한 일은 슬프고 애도하고 눈물 흘려야 할 일입니다.

性能好的武器, 强大的军队, 只是可以杀人的不祥之器. 因此, 所有人都厌恶它. 有道的人平时不使用武器和军队. 君子日常以左为贵, 而用兵打仗就以右边为贵. 兵是不详之物, 不是君子要使用的道具.

只是在不得已的时候才动用它, 最好淡然处之, 获胜了也不要当作是好事. 如果以打胜战为美事, 就是一颗爱杀人的心, 杀人为乐的心, 怎么可以得到人的拥戴? 左边表示吉庆, 右方代表凶丧. 在军队中, 副司令在左侧, 总司令在右侧, 是因为把战争当作是丧礼. 杀死许多人的事, 即使胜利也是需要哀悼和流泪的.

性能の良い武器とか強い軍隊は、人を殺す不吉な道具(不祥之器)なので皆が嫌い

ます。知恵のある人は武器と軍隊を使いません。君子は普段は左側を高くします
が、軍隊を使う時は右側を上位とします。兵は不吉なもので、君子が使う道具では
ありません。

已むを得ず軍隊を動員するなら、欲張らずに淡々とした心を持たなければなりま
せん。勝つのがいいことではありません。戦争の勝利を美化することは人を殺す
ことが好きなものです。殺人を楽しむ者がどうやって人々の心を得ることができるで
しょうか!

良いことは左に上げ、悪いことは右を上げます。軍隊で副司令官を左に、総司令官
を右側に座らせる理由は、戦争を喪礼と考えるからです。多くの人々を殺したこと、
戦争で勝利したことは悲しく、哀悼し、涙を流さなければならないことです。

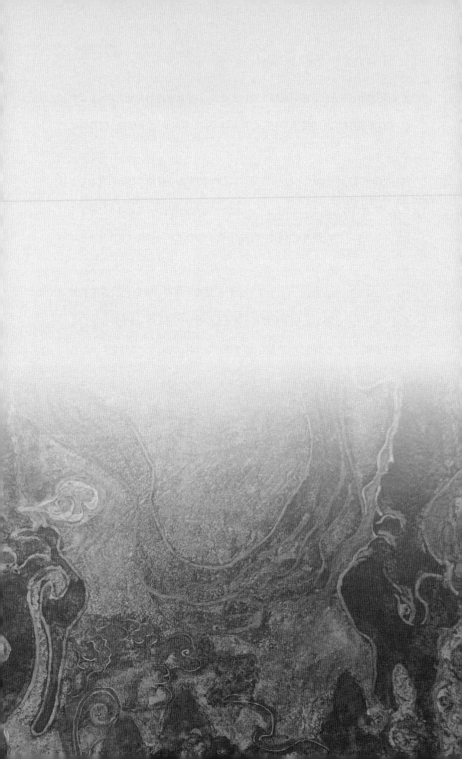

VII
道常, 無爲而無不爲
32장~37장

도는 오늘 하루 하루 영원합니다.
道看起來好像什么也沒做, 但是永远的.
道(タオ)は一日中ずっと永遠です.

32

道 常 無 名.　樸 雖 小,　天 下 莫 能 臣 也.　侯 王 若 能
도 상 무 명　박 수 소　천 하 막 능 신 야　후 왕 약 능
dào cháng wú míng　pú suī xiǎo　tiān xià mò néng chén yě　hóu wáng ruò néng
どう じょう む めい　ぼく すい しょう　てん か ぼ のう しん や　こう おう じゃく のう

守 之,　萬 物 將 自 賓.　天 地 相 合,　以 降 甘 露.　民 莫 之
수 지　만 물 장 자 빈　천 지 상 합　이 강 감 로　민 막 지
shǒu zhī　wàn wù jiāng zì bīn　tiān dì xiàng hé　yǐ jiàng gān lù　mín mò zhī
す し　まん ぶつ しょう じ ひん　てん ち そう ごう　い こう かん ろ　みん ぼ し

令 而 自 均.　始 制 有 名.　名 亦 旣 有,　夫 亦 將 知 止.　知 止,
령 이 자 균　시 제 유 명　명 역 기 유　부 역 장 지 지　지 지
lìng ér zì jūn　shǐ zhì yǒu míng　míng yì jì yǒu　fū yì jiāng zhī zhǐ　zhī zhǐ
れい じ じ きん　し せい ゆう めい　めい えき き ゆう　ふ えき しょう ち し　ち し

可 以 不 殆.　譬 道 之 在 天 下,　猶 川 谷 之 於 江 海.
가 이 불 태　비 도 지 재 천 하　유 천 곡 지 어 강 해
kě yǐ bù dài　pì dào zhī zài tiān xià　yóu chuān gǔ zhī yú jiāng hǎi
が い ふ たい　ひ どう し ざい てん か　ゆう せん こく し お こう かい

도道는 이름이 없습니다(無名). 다듬지 않은 통나무처럼 투박하고, 말할 수 없이 작지만, 세상 누구도 도道를 함부로 대하지 않습니다. 제후와 임금들이 이렇게 할 수만 있다면 모두가 스스로 다가와 손님처럼 예의를 다할 것입니다. 하늘과 땅이 서로 만나 단비를 내리듯이 사람들은 서로 아끼고 양보하며 자기 도리를 다할 것입니다.

다듬지 않은 통나무를 다듬듯이 도를 손대기 시작하면 이름이 생겨납니다(有名). 이름이 이미 생겼다면 어디서 멈춰야 할지 알고 있어야 합니다. 멈출 수만 있어도 위험하지는 않습니다. 도를 비유로

말하면 계곡의 냇물이 강과 바다로 흘러가는 것과 같습니다. (도는 有名과 無名의 계곡 사이를 이리 저리 부딪치며 강으로 바다로 흘러갑니다.)

道没有名字. 它像一块天生拙朴, 未经雕琢的木头, 不可言说的渺小, 但世间任何事物都不能支配道. 帝侯和君王如果持守道, 所有人都会靠近他归顺他, 像客人一样在自己的位置上自治自理. 天地相交, 降下甘霖, 无人分配, 自然和谐均匀, 人们互相珍惜和礼让, 朴素自然地交往.

一旦有了秩序, 就会产生名份. 一有了名份, 人就该知道自己的限度在哪里. 知道了人的限度, 就要知道在哪里停止, 知道停止就可以平安无患了. 道存在于天下, 就像溪谷流向海洋, 在有名和无名的堤岸中互相碰撞. 万物追随着它, 共同汇入了大海.

道(タオ)は名を持ちません (無名)。整えざる荒木のように雑で、言いようにないほど小さいですが、世間の誰もタオをむやみにしません。諸侯と王だちがこのように出来さえできれば皆が自ら近付いてお客さんのように礼儀をつくします。天と地が相逢って恵みの雨を降らすように人々は互いに大切にして譲歩して自分の道理を尽くします。整えていない荒木を切られ始めるように、タオに手を付け始めると名前が生まれます(有名)。名がもうできたからにはどこで止まらなければならないか、それを知っていなければなりません。止めることさえできても危なくはありません。タオをたとえて言えば、谷の川の水が川と海に流れ込むのと同じです。(有名と無名の渓谷の間をあちらこちらにぶつかって、川へ海へ流れ込みます。)

33

知人者智, 自知者明. 勝人者有力, 自勝者強. 知
지인자지　자지자명　승인자유력　자승자강　지
zhī rén zhě zhì zì zhī zhě míng shèng rén zhě yǒu lì zì shèng zhě qiáng zhī
ち じん しゃ ち　じ ち しゃ めい　しょう じん しゃ ゆう りょく　じ しょう しゃ きょう　ち

足者富, 強行者有志. 不失其所者久, 死而不亡者
족자부　강행자유지　불실기소자구　사이불망자
zú zhě fù qiáng xíng zhě yǒu zhì bù shī qí sǔo zhě jiǔ sǐ ér bù wáng zhě
そく しゃ ふ　きょう こう しゃ ゆう し　ふ しつ き しょ しゃ きゅう　し じ ふ ぼう しゃ

壽.
수
shòu
じゅ

남을 아는 것은 지혜이지만, 나 자신을 아는 것은 지혜를 넘어선
밝음입니다. 다른 사람을 이기는 데는 힘이 필요하지만, 자기를
이기려면 힘을 넘어선 강함이 있어야 합니다. 만족할 줄 알면 풍
요로워지고, 힘써 실천하면 뜻을 이루게 됩니다.

자기 자리를 지킬 수 있어야 오래갑니다. 죽음 이후에도 잊혀지
지 않는 것이 오래 사는 것입니다. 우리는 도에 의지해서 살아가
기 때문입니다.

认识他人, 是智慧认识自己, 是超越智慧的光明. 战胜他人, 需要力量. 战胜自己,

是超越力量的坚韧. 懂得满足, 才能丰饶富有. 力行不懈, 就会成就意志.

坚守自己的位置, 不离失本分的人, 可以长久. 身虽死, 而他的"道"依然存在的

人, 就是长寿.

他人を知ることは知恵ですが、自分自身を知るということは知恵を越えた明るさです。他人に打ち勝つには力が必要ですが、自分に打ち勝つには、力を越えた強さがなければなりません。足ることができれば豊かになり、努力して実践すれば志しを成します。

自分の席を守ることができてこそ長く行きます。死後にも忘れられないのが長く生きるのです。私たちは道に頼って生きて行くからです。

34

大　道　汎　兮,　　其　可　左　右.　　萬　物　恃　之　而　生　而　不　辭.　　功　成
대　도　범　혜　　기　가　좌　우　　만　물　시　지　이　생　이　불　사　　공　성
dà dào fàn xī　qí kě zuǒ yòu　wàn wù shì zhī ér shēng ér bù cí　gōng chéng
だい どう はん けい　き か さ う　まん ぶつ じ し い せい じ ふ じ　こう せい

不　名　有.　　衣　養　萬　物　而　不　爲　主,　　常　無　欲,　　可　名　於　小.
불　명　유　　의　양　만　물　이　불　위　주　　상　무　욕　　가　명　어　소
bù míng yǒu.　yī yǎng wàn wù ér bù wéi zhǔ　cháng wú yù　kě míng yú xiǎo
じ ふ ゆう　い よう まん ぶつ じ ふ い しゅ　じょう む よく　か めい お しょう

萬　物　歸　焉　而　不　爲　主,　　可　名　爲　大.　　以　其　終　不　自　爲　大,　　故
만　물　귀　언　어　불　위　주　　가　명　위　대　　이　기　종　부　자　위　대　　고
wàn wù guī yān ér bù wéi zhǔ　kě míng wéi dà　yǐ qí zhōng bù zì wéi dà　gù
まん ぶつ き えん じ ふ い しゅ　か めい い だい　い き しゅう ふ じ い だい　こ

能　成　其　大.
능　성　기　대
néng chéng qí dà
のう せい き だい

대도大道는 바다와 같아서 온 세상에 넘쳐 흐릅니다. 도는 어떤
것이 와도 받아들여 만물이 다 도道에 의지합니다. 많은 것을 이
루지만 이름을 남기려고 하지 않습니다. 세상 만물이 도道에 의
지해서 자라났지만 내 것이라고 생각하지 않습니다. 욕심이 없
어 '작음(小)'이라고 말할 수 있지만, 만물이 다 도道를 따라도 가
지려고 하지 않기에 '크다(大)'라고도 말할 수 있습니다. 도道는
자기 스스로 '크다'고 말하지 않아서 '정말 큰 것'입니다.

大道像大海一样弥漫周流整个世界不管任何东西到来, 道都接纳它. 万物都依存

于道, 它成就众多, 但并不想留下姓名, 世界万物都籍着道而生长, 但它从不觉得它是这一切的主宰者, 因此可以说它是"小". 万物都追随归附着道, 但他不想拥有, 不自以为主, 因此可说他是"大". 由于他自始至终不自认为"大", 所以他成为了真正大的东西.

大道(ダイタオ)は海と同じで世界中に溢れています。タオはどんなものが来ても、すべてを受け入れて万物がタオに頼ります。多くのことを成し遂げますけれども、名を残そうとしません。世の中の万物がタオに頼って育ちましたが、自分のものとは思いません。欲がなくて"小さい"と言えそうだが、万物がすべてタオについて行くが、タオは持とうとしないので"大きい"とも言えるのです。タオは自分で大きいと言わないからこそ本当に大きいものです。

35

執 大 象, 天 下 往, 往 而 不 害, 安 平 太. 樂 與 餌, 過 客
집 대 상　천 하 왕　왕 이 불 해　안 평 태　낙 여 이　과 객
zhí dà xiàng　tiān xià wǎng　wǎng ér bù hài　ān píng tài　lè yǔ ěr　guò kè
しつ だい しょう　てん か おう　おう じ ふ がい　あん びょう だい　らく よ じ　か きゃく

止. 道 之 出 口, 淡 乎 其 無 味, 視 之 不 足 見, 聽 之 不 足
지　도 지 출 구　담 호 기 무 미　시 지 부 족 견　청 지 부 족
zhǐ　dào zhī chū kǒu　dàn hū qí wú wèi　shì zhī bù zú jiàn　tīng zhī bù zú
し　どう し しゅつ げん　たん こ き む み　し し ふ ぞく けん　ちょう し ふ そ

聞. 用 之 不 足 旣.
문　용 지 부 족 기
wén　yòng zhī bù zú jì
もん　よう し ふ ぞく き

정말 큰 것을 꼭 잡읍시다. 도와 함께 걸으면 누구에게도 해를
끼치지 않습니다. 세상은 안전하고 평화로워집니다(安平太).
즐거운 음악과 맛있는 음식이 있으면 지나가는 사람들을 멈추게
할 수 있습니다. 그러나, 도道에 대한 말은 담백해서 맛도 없고,
봐도 잘 보이지도 않고, 들어도 잘 들리지도 않습니다. 하지만,
도는 아무리 써도 다함이 없는 오래가는 길입니다.

让我们紧紧抓住真正大的东西吧. 和道一起走, 相伴相随的路上不会有祸害, 世
界是安全, 和平的.

人间有动人的音乐和美食佳宴, 可以让过路人为之停步. 但是, 大道出口成为话
语, 却是平平淡淡, 没有味道的. 看起来不起眼, 听起来也不入耳. 微不足道的

"道", 却是用之不竭, 无穷无尽的.

本当に大きいものをしっかりとつかみましょう。道(タオ)と一緒に歩けば誰にも害を及ぼしません。世の中は安全で平和になります(安平太)。

楽しい音楽とおいしい食べ物があれば、通り過ぎる人々を止まらせることができます。しかし、タオについての言葉は淡泊で、まずいし、見てもよく見えず、聞いてもよく聞えません。でもタオはいくら使っても、終わらない永久の道です。

36

將 欲 歙 之, 必 固 張 之. 將 欲 弱 之, 必 固 强 之. 將 欲
장 욕 흡 지 필 고 장 지 장 욕 약 지 필 고 강 지 장 욕
jiāng yù xī zhī bì gù zhāng zhī jiāng yù ruò zhī bì gù qiáng zhī jiāng yù
しょう よく きゅう し ひつ こ ちょう し しょう よく じゃく し ひつ こ きょう し しょう よく

廢 之, 必 固 興 之. 將 欲 奪 之, 必 固 興 之. 是 謂 微 明.
폐 지 필 고 흥 지 장 욕 탈 지 필 고 흥 지 시 위 미 명
fèi zhī bì gù xīng zhī jiāng yù duì zhī bì gù xīng zhī shì wèi wēi míng
はい し ひつ こ こう し しょう よく だつ し ひつ こ こう し し い び めい

柔 弱 勝 剛 强. 魚 不 可 脱 於 淵. 國 之 利 器, 不 可 以 示
유 약 승 강 강 어 불 가 탈 어 연 국 지 이 기 불 가 이 시
róu ruò shèng gāng qiáng yú bù kě tūo yú yuān gúo zhī lì qì bù kě yǐ shì
じゅう じゃく しょう ごう きょう ぎょ ふ か だつ お えん こく し り き ふ か い じ

人.
인
rén
じん

거두어들이려면 먼저 베풀어야 하고, 약하게 하려면 먼저 강하
게 해야 하고, 무너뜨리려면 먼저 일으켜야 하고, 빼앗으려면 먼
저 흥하게 해야 합니다.

본심을 숨기는 이런 마음을 '미명微明'이라고 합니다. 약하고 여
린 힘으로 강한 것을 이기는 방법입니다. 물고기가 연못 밖으로
나오지 않듯이, 나라를 지키기 위해서는 힘과 지혜를 밖으로 내
보여서는 안 됩니다.

想要收敛, 必先施恩; 想要削弱, 必先强大; 想要废除, 必先抬举; 想要夺取, 必

先让与.

隐藏这样的心, 叫做微明. 这是用柔弱来战胜强大的方法, 就像鱼不会跳出池子, 为了保护国家, 就不能使力和智慧外露.

収穫するにはまず施さなければならないし、弱くするには先に強くしなければならないし、崩すには先に起こさなくてはならないし、奪うにはまず興味を持たなければなりません。本心を隠すこうした心を微明といいます。弱くて柔らかい力で強いことに勝つ方法です。魚が池の外に出ないように国を守るためには力と知恵を外に出していけません。

37

道 常, 無 爲 而 無 不 爲.
도 상 무 위 이 무 불 위
dào cháng wú wéi ér wú bù wéi
どう じょう む い じ む ふ い

侯 王 若 能 守 之,
후 왕 약 능 수 지
hóu wáng rùo néng shǒu zhī
こう おう じゃく のう しゅ し

萬 物 將 自 化.
만 물 장 자 화
wàn wù jiāng zì huà
まん ぶつ しょう じ か

化 而 欲 作,
화 이 욕 작
huà ér yù zùo
か じ よく さく

吾 將 鎭 之,
오 장 진 지
wú jiāng zhèn zhī
ご しょう ちん し

以 無 名 之 樸.
이 무 명 지 박
yǐ wú míng zhī pǔ
い む めい し ぼく

無 名 之 樸,
무 명 지 박
wú míng zhī pǔ
む めい し ぼく

夫 亦
부 역
fū yì
ふ やく

將 無 欲.
장 무 욕
jiāng wú yù
しょう ふ よく

不 欲 以 靜,
불 욕 이 정
bù yù yǐ jìng
ふ よく い せい

天 下 將 自 定.
천 하 장 자 정
tiān xià jiāng zì dìng
てん か しょう じ せい

도道는 오늘 하루하루 영원합니다. 그러나, 도道와 함께하면 애쓰지 않아도 되지 않는 일이 없습니다(無不爲). 제후와 왕들이 도를 알면 세상 만물은 스스로 조화를 이룹니다. 나에게 뭔가 해보겠다는 마음이 일어나면 나는 이름 없는 통나무로 눌러 둡니다. 이름 없는 통나무, 소박한 마음이 내 욕망을 사라지게 합니다. 욕망이 사라진 고요함 속에서 세상은 스스로 평화와 안정을 찾습니다.

道看起来好像什么也没做, 但只要和道在一起, 就算不用力, 也没有做不成的事.

帝王和王侯若能持守道, 就会放任自然, 让世界去独自完成, 独自协调, 独自变化. 如果在变化中起了"想做点什么"的心, 就以无名的原木来镇住它. 在无名的

原木里有一颗朴素的初心，使得人们心中的欲望消失。欲望消失的宁静中，世界会独自找到平和，安定。

道(タオ)は今日一日一日永遠です。しかし、タオとともにあれば労しなくてもできないことがありません(無不為)。諸侯と王がタオを守っていけるなら、世の中の万物は自ら調和を成します。私に何かやってみようという気持ちが起こると、私は名のない荒木で抑えて置きます。名のない丸太、素朴な心が私の欲望を無くします。欲望が消えた静かさの中で、世界は自ら平和と安定を取り戻します。

VIII
道生一, 一生二,
二生三, 三生萬物
38장~43장

도와 덕이 세상을 만든다.

道和德创造世界.

道(タオ)と德が世の中を作る.

上 德 不 德, 是 以 有 德. 下 德 不 失 德, 是 以 無 德. 上 德
상 덕 부 덕　　시 이 유 덕　　하 덕 불 실 덕　　시 이 무 덕　　상 덕
shàng dé bù dé　shì yǐ yǒu dé　xià dé bù shī dé　shì yǐ wú dé　shàng dé
じょう とく ふ とく　し い ゆう とく　か とく ふ しつ とく　し い む とく　じょう とく

無 爲, 而 無 以 爲, 下 德 爲 之, 而 有 以 爲. 上 仁 爲 之, 而
무 위　　이 무 이 위　　하 덕 위 지　　이 유 이 위　　상 인 위 지　　이
wú wéi　ér wú yǐ wéi　xià dé wéi zhī　ér yǒu yǐ wéi　shàng rén wéi zhī　ér
む い　じ む い い　か とく い し　じ ゆう い い　じょう じん い し　じ

無 以 爲, 上 義 爲 之, 而 有 以 爲. 上 禮 爲 之, 而 莫 之
무 이 위　　상 의 위 지　　이 유 이 위　　상 레 위 지　　이 막 지
wú yǐ wéi　shàng yì wéi zhī　ér yǒu yǐ wéi　shàng lǐ wéi zhī　ér mò zhī
む い い　じょう ぎ い し　じ ゆう い い　じょう れ い し　じ も し

應, 則 攘 臂 而 仍 之. 故 失 道 而 後 德, 失 德 而 後 仁, 失
응　　즉 양 비 이 잉 지　　고 실 도 이 후 덕　　실 덕 이 후 인　　실
yìng　zé rǎng bì ér réng zhī　gù shī dào ér hòu dé　shī dé ér hòu rén　shī
おう　そく じょう ひ じ にょう じ　こ しつ どう じ ご とく　しつ とく じ ご じん　しつ

仁 而 後 義, 失 義 而 後 禮. 夫 禮 者, 忠 信 之 薄, 而 亂
인 이 후 의　　실 의 이 후 레　　부 레 자　　충 신 지 박　　이 란
rén ér hòu yì　shī yì ér hòu lǐ　fū lǐ zhě　zhōng xìn zhī bó　ér luàn
じん じ ご ぎ　しつ ぎ じ ご れい　ふ れい しゃ　ちゅう しん し はく　じ らん

之 首. 前 識 者, 道 之 華, 而 愚 之 始. 是 以 大 丈 夫 處 其
지 수　　전 식 자　　도 지 화　　이 우 지 시　　시 이 대 장 부 처 기
zhī shǒu　qián shí zhě　dào zhī huá　ér yú zhī shǐ　shì yǐ dà zhàng fū chǔ qí
し しゅ　ぜん しき しゃ　どう し か　じ ぐ し し　し い だい じょう ぶ しょ ぎ

厚, 不 居 其 薄. 處 其 實, 不 居 其 華. 故 去 彼 取 此.
후　　불 거 기 박　　처 기 실　　불 거 기 화　　고 거 피 취 차
hòu　bù jū qí bó　chǔ qí shí　bù jū qí huá　gù qù bǐ qǔ cǐ
こう　ふ きょ ぎ はく　しょ ぎ じつ　ふ きょ ぎ か　こ きょ ひ しゅ し

도를 아는 선비(上德)는 무언가를 했다고 생각하지 않습니다. 그
래서 덕이 있습니다. 세속에 찌든 사람(下德)은 공덕을 베푼 것이
마음에서 사라지지 않습니다. 그래서 덕이 없는 겁니다. 선비(上

德)는 마음에 두는 것이 없어서 해야 할 일도 없습니다. 평범한 사람들(下德)은 마음에 가진 것이 있어서 해야 할 일이 생깁니다. 자비심을 가진 사람(上仁)은 마음 써서 하지만 이것을 꼭 해야 한다는 생각은 없습니다. 정의를 갈구하는 사람(上義)은 정의감에 불타기에 해야 할 일들이 생겨납니다. 사람들이 반듯하게 살아야 한다고 생각하는 사람(上禮)은 지켜야 할 예禮를 지키는 것뿐만 아니라 따르지 않는 이들은 팔을 꺾어서라도 당겨 옵니다.

도道를 쓸 수 없으면 덕德을 써야 하고, 덕德을 쓸 수 없으면 인仁을 써야 하고, 인仁을 쓸 수 없으면 의義를 써야 하고, 의義를 쓸 수 없으면 예禮라도 쓰게 됩니다. 그러나, 예禮를 쓴다는 것은 사람들의 마음에 참 마음(忠信)이 사라졌다는 뜻입니다. 이렇게 되면 불신과 혼란이 시작됩니다. 앞에서 말한 인仁·의義·예禮는 도를 꾸민 것입니다(道之華). 어쩔 수 없어서 이렇게 꾸미는 것이지만 여기서 어리석음이 시작된다는 것을 알고 있어야 합니다. 여러분은 도道와 덕德의 두터운 마음을 가지기 위해 노력하고, 인仁·의義·예禮라는 얕은 마음 안에 머물지 마십시오. 내실 있는 삶을 살고 겉으로 꾸민 화려함을 따르지 마십시오.

了解道的大人(上德)并不会在意自己做的事, 所以他是有德的. 而实力还不够的 凡人(下德), 不曾在心上褪去自己所积的功德, 所以他的功德反而不存在. 大人(上

德)没有任何事情太在意, 也就没有什么必须要做的事, 普通人(下德)因为心里面总有放不下的东西, 才会有必需做的事. 具有慈悲心的人(上仁), 虽然很用心, 但不会抱着必须要达成的想法. 渴求正义的人(上义), 他会点燃正义的热望, 因此生出必须要做的事. 认为人们都应该正直地生活的人(上礼), 不仅是自己遵守礼, 凡是有违背的人, 即使打断胳膊也要用力让人们遵从.

不能用道的情况下, 就要用德. 不能用德的情况下, 就要用仁. 不能用仁的情况下, 就要用义. 不能用义的情况下, 就只能使用礼了. 但是, 使用礼的情况, 等于是人们心中的忠信已经消失了. 从此, 不信任和混乱就会开始. 前面所说的仁义礼都是装饰道的(道之华). 我们不得不这样修饰, 但也要知道, 由此产生了愚昧. 希望大家要努力持守着道和德的深厚感情, 不要停留在仁, 义, 礼的肤浅层面, 过着充实的生活, 不要追随外在的华丽.

道タオ)をもう知ってる君子(上徳)は自分が何かを遂げたと考えません. だから徳があります. 凡人(下徳)は功徳を施したのが心から消えません. だから徳がないのです. 君子(上徳)は心に留めるものがなくてやるべき事もありません. 普通の人(下徳)は心に留めるものがあり、やるべき事があります. 慈悲心を持った人(上仁)は真心を込めてしますが、でもこれを必ずしなければならないという考えはありません. 正義を渇求する人(上義)はの正義感に燃えるので自分がすべきことが生じます. 人が正しく生きなければならないと考える人は(上礼)、守るべき礼を守ることだけでなく、従わない者がいると腕を折ってでも押しつけます.

タオが使えないなら徳を使うべきで徳が使えないなら仁を使うべきで仁が使えないなら義を使うべきで義が使えないなら礼でも使うべきです。しかし、礼を使うということは人々の心に本当のこころ(忠信)が消えたという意味です。こうなると不信と混乱が始まります。前述の仁義礼はタオを飾ったものです(道之華)。しょうがなくてこのように飾りますが、ここで愚かさが始まるということを知っていなければなりません。皆さんはタオと徳の深い心を持つために努力し、仁義礼という浅い心の中に留まらないでください。内実のある人生を生き、表に飾った華やかさに従わないでください。

39

昔 之 得 一 者.　天 得 一 以 淸,　地 得 一 以 寧,　神 得 一 以
석 지 득 일 자　천 득 일 이 청　지 득 일 이 녕　신 득 일 이
xī zhī dé yī zhě　tiān dé yī yǐ qīng　dì dé yī yǐ níng　shén dé yī yǐ
せき し とく いっ しゃ　てん とく いち い せい　ち とく いち い ねい　しん とく いち い

靈,　谷 得 一 以 盈,　萬 物 得 一 以 生,　侯 王 得 一 以 爲 天
령　곡 득 일 이 영　만 물 득 일 이 생　후 왕 득 일 이 위 천
líng　gǔ dé yī yǐ yíng　wàn wù dé yī yǐ shēng　hóu wáng dé yī yǐ wéi tiān
れい　こく とく いち い えい　まん ぶつ とく いち い せい　こう おう とく いち い い てん

下 正.　其 致 之 一 也.　天 無 以 淸,　將 恐 裂,　地 無 以 寧,
하 정　기 치 지 일 야　천 무 이 청　장 공 렬　지 무 이 녕
xià zhèng　qí zhì zhī yī yě　tiān wú yǐ qīng　jiāng kǒng liè　dì wú yǐ níng
か せい　き ち し いち や　てん む い せい　しょう きょう れつ　ち む い ねい

將 恐 發.　神 無 以 靈,　將 恐 歇.　谷 無 以 盈,　將 恐 竭.
장 공 발　신 무 이 영　장 공 헐　곡 무 이 영　장 공 갈
jiāng kǒng fā　shén wú yǐ líng　jiāng kǒng xiē　gǔ wú yǐ yíng　jiāng kǒng jié
しょう きょう はい　しん む い れい　しょう きょう けつ　こく む い えい　しょう きょう けつ

萬 物 無 以 生,　將 恐 滅.　侯 王 無 以 貴 高,　將 恐 蹶.　故
만 물 무 이 생　장 공 멸　후 왕 무 이 귀 고　장 공 궐　고
wàn wù wú yǐ shēng　jiāng kǒng miè　hóu wáng wú yǐ guì gāo　jiāng kǒng jué　gù
まん ぶつ む い せい　しょう きょう めつ　こう おう む い き こう　しょう きょう け　ぐ

貴 以 賤 爲 本,　高 以 下 爲 基.　是 以 侯 王 自 謂 孤 寡 不 穀.
귀 이 천 위 본　고 이 하 위 기　시 이 후 왕 자 위 고 과 불 곡
guì yǐ jiàn wéi běn　gāo yǐ xià wéi jī　shì yǐ hóu wáng zì wèi gū guǎ bù gǔ
き い せん い ほん　こう い か い き　ぜ い こう おう じ しょう こ か ふ こく

此 非 以 賤 爲 本 邪?　非 乎?　故 致 數 譽 無 譽.　不 欲 琭 琭 如
차 비 이 천 위 본 사　비 호　고 치 수 예 무 예　불 욕 녹 록 여
cǐ fēi yǐ jiàn wéi běn xié　fēi hū　gù zhì shù yù wú yù　bù yù lù lù rú
し ひ い せん い ほん や　ひ こ　こ ち しゅ よ む よ　ふ よく ろく ろく じょ

玉,　珞 珞 如 石.
옥　낙 락 여 석
yù　lùo lùo rú shí
ぎょく　らく らく じょ せき

오래전부터 도와 덕은 하나였습니다. 하늘은 하나를 얻어 맑아

졌고, 땅은 하나를 얻어 고요해지고, 신神은 하나를 얻어 신령스럽게 되고, 골짜기는 하나를 얻어 초목과 동물들로 가득 차고, 만물은 하나를 얻어 생명력이 넘치고, 제후와 왕들은 하나를 얻어 세상을 바르게 이끌어 갑니다. 모든 것이 하나에 이르렀기 때문입니다. (하나를 잃어 버리면) 하늘은 그 맑음으로 갈라질 수 있고, 땅은 그 고요함으로 흔들리게 되고, 신은 그 신령스러움으로 고갈되고, 골짜기는 그 가득함으로 마르게 되고, 만물은 그 생명력으로 인해 소멸되고, 제후와 왕들은 높은 신분으로 인해 몰락하게 됩니다. 높아진다는 것은 낮고 또 낮아지는 것이 기본입니다. 그래서 제후와 왕은 스스로를 가리켜 고아처럼 외로운 사람 '고孤', 짝 잃어 홀로 된 사람 '과寡', 보잘 것 없이 쭉정이 같은 사람 '불곡不穀'이라고 했습니다. 낮고 또 낮아져야 한다는 것을 알기 때문이지 않겠습니까? 하늘 높은 줄 모르는 인기가 좋은 게 아닙니다. 구슬처럼 맑은 소리만 내는 것이 음악이 아닙니다. 화려한 외형에 휘둘리지 말고 바위처럼 흔들림 없이 담담하게 삽시다.

从很久以前, 道和德是一体的, 不分离的"一". 天得"一", 呈现清明. 地得"一", 呈现安宁. 神得"一", 拥有灵性. 山谷得"一", 生物充盈. 万物得"一", 充满了生命力. 诸侯和君王得"一", 引领世界走向正轨, 让一切都达成"一". 若不能保持"一"的话, 天的清明恐怕要崩裂, 地的安宁恐怕要发动, 神的灵性日渐枯竭, 山谷

的丰盈也变得干涸. 万物的生命力消亡了, 诸侯和君王的高尚地位沦落了, 恐怕要倾覆. 所以贵以贱为根本, 高以下为基础, 所以诸侯君王自称是"像孤儿一样的人, 没有伴侣的人, 微不足道像秕粒一样的人", 岂不是因为他们知道要一再降低自己? 不是吗? 所以最高的荣誉无须赞美称誉. 不要被宝玉般的外在所迷惑, 要像磐石一样不动摇, 平静地生活.

はるか昔から道(タオ)と徳は"一つ"でした。天は"一つ"を得て晴れて、地は"一つ"を得て静かになり、神は"一つ"を得て神霊になり、谷間は"一つ"をもらって草木と動物たちで充満になり、万物は"一つ"を得て生命力が溢れ、諸侯と王たちは"一つ"を得て、世の中を正しく導きます。すべてが"一つ"になったからです。

("一つ"であることを失ってしまえば)天はその晴れで分かれることもあるし、地はその静けさに揺れるようになり、神はその神霊で枯渇し、谷間はその充満さで乾き、万物はその生命力によって消滅し、諸侯と王は高い身分によって没落します。

高くなるということは低くてまた低くなるのが基本です。そこで諸侯と王は自らを指して孤児のようにさびしい人(孤)、連れを失って独身になった人(寡)、粃みたいにみすぼらしい人(不穀)だと言いました。低くてまた低くなるべきだということが分かるからじゃないんですか。

天井知らずの人気があるものではありません。玉のように澄んだ音だけ出すのが音楽ではありません。華麗な外観に振り回されず、岩のようにゆったりと静かに暮らしましょう。

40

反 者, 道 之 動.　弱 者, 道 之 用.　天 下 萬 物 生 於 有,
반 자　도 지 동　약 자　도 지 용　천 하 만 물 생 어 유
fǎn zhě　dào zhī dòng　ruò zhě　dào zhī yòng　tiān xià wàn wù shēng yú yǒu
はん しゃ　どう し どう　じゃく しゃ　どう し よう　てん か まん ぶつ せい お ゆう

有 生 於 無.
유 생 어 무
yǒu shēng yú wú
ゆう せい お む

도는 (앞으로 나아가기도 하지만) 되돌아갑니다. 도에는 미묘한 힘이 있어서 부드럽고 유연하게 움직입니다. 세상 만물은 유有의 마음에서 생겨나지만 유有는 무無에서 시작합니다.

道虽然向前走, 但它会折返, 走向了反面. 道的力量是微妙的, 虽在用力, 但会柔软地游走. 世间万物从"有的心"而生出, 但"有"是从"无"开始的.

道(タオ)は(前に進むこともありますが)戻ります。タオには微妙な力があって柔らかく動きます。世の中の万物は"有"の心から生じますが、"有"は"無"から始まります。

41

上 士 聞 道,　勤 而 行 之.　中 士 聞 道,　若 存 若 亡.　下 士
상 사 문 도　근 이 행 지　중 사 문 도　약 존 약 망　하 사
shàng shì wén dào　qín ér xíng zhī　zhōng shì wén dào　rùo cún rùo wáng　xià shì
じょう し もん どう　きん じ こう し　ちゅう し もん どう　にゃく ぞん にゃく もう　か し

聞 道,　大 笑 之.　不 笑,　不 足 以 爲 道.　故 建 言 有 之,　明
문 도　대 소 지　불 소　부 족 이 위 도　고 건 언 유 지　명
wén dào　dà xiào zhī　bù xiào　bù zú yǐ wéi dào　gù jiàn yán yǒu zhī　míng
もん どう　だい しょう し　ふ しょう　ふ ぞく い い どう　こ けん げん ゆう し　めい

道 若 昧,　進 道 若 退,　夷 道 若 纇,　上 德 若 俗,　大 白 若 辱,
도 약 매　진 도 약 퇴　이 도 약 뢰　상 덕 약 속　대 백 약 욕
dào rùo mèi　jìn dào rùo tùi　yí dào rùo lèi　shàng dé rùo sú　dà bái rùo rǔ
どう にゃく まい　しん どう にゃく たい　い どう にゃく らい　じょう とく にゃく ぞく　たい はく にゃく じょく

廣 德 若 不 足,　建 德 若 偷,　質 眞 若 渝,　大 方 無 隅,　大 器
광 덕 약 부 족　건 덕 약 투　질 진 약 유　대 방 무 우　대 기
guǎng dé rùo bù zú　jiàn dé rùo tōu　zhì zhēn rùo yú　dà fāng wú yú　dà qì
こう とく にゃく ふ ぞく　けん とく にゃく とう　しつ しん にゃく ゆ　たい ほう む ぐう　たい き

晚 成,　大 音 希 聲,　大 象 無 形.　道 隱 無 名.　夫 唯 道,
만 성　대 음 희 성　대 상 무 형　도 은 무 명　부 유 도
wǎn chéng　dà yīn xī shēng　dà xiàng wú xíng　dào yǐn wú míng　fū wéi dào
ばん せい　たい おん き せい　たい しょう む けい　どう いん む めい　ふ ゆい どう

善 貸 且 成.
선 대 차 성
shàn dài qiě chéng
ぜん たい しょ せい

선비(上士)는 도를 들으면 삶으로 실천하고, 평범한 지식인(中士)
들은 도를 들으면 긴가민가하고, 세속적인 사람(下士)들은 도를
들으면 콧방귀를 뀌며 크게 웃습니다. 그런 비웃음을 받지 않으
면 아직 도가 아닙니다. 옛날부터 어른들은 이렇게 말하셨습니
다. "알더라도 모르는 것처럼, 앞으로 나아가더라도 물러나는 것

처럼, 쉽더라도 어려운 것처럼 길을 걸어야 한다." "마음은 깊은 골짜기처럼 비우고, 정말 깨끗하다면 욕먹을 줄도 알아야 한다. 세상을 넓게 품어 안으면 사람들은 사랑이 부족하다고 생각하고, 좋은 관계는 약간 격의가 없고 두드러지게 드러나지 않는다. 소박하고 참된 것은 조금 어리석어 보이기도 한다." "정말 큰 것은 끝이 없고, 정말 큰 그릇은 완성되지 않고, 정말 큰 소리는 들리지 않고, 정말 큰 형상(象)은 모습이 없고, 도는 이름도 없이 숨어 있다." 오직 도만이 우리 삶을 빌려 잠시 무엇인가를 이룰 뿐입니다.

大人(上士)听到道, 就在生活中实践它. 平凡的知识分子(中士)听到道, 时而信, 时而怀疑. 世俗中人(下士)一听到道, 就嗤之以鼻, 奉为笑谈. 不受那种讥笑, 还称不上是道. 从很久以前开始, 智慧的人就这样说——即使知道也像不知道一样; 即使向前也像要后退一样; 平坦的道, 也要像崎岖一样行进. 心如深谷, 虚虚空空; 心真正干净的人, 懂得接受辱骂; 以宽广心胸去拥抱世界的人, 人们会觉得从他那里得到的爱太少; 去做好事的人, 偷偷去做, 生怕被人发现; 质朴而纯真的人, 好像浑浑噩噩未开化的样子. 真正方正的东西, 没有棱角. 真正珍贵的器皿, 没有完成. 真正大的声响, 无声无息. 真正大的形象, 没有模样. 道没有名字, 隐藏着, 道只是暂且借着我们的人生来成就些什么而已.

君子(上士)は道(タオ)を聞いても人生で実践し、普通の知識人(中士)たちはタオを聞くと判断がつかないし、世俗的な人(下士)たちはタオを聞くと、鼻であしらいながら大きく笑います。そんな嘲笑を受けなければまだタオではありません。昔から知恵のある人たちはこう言いました。"知っても知らないように前へ進んでも退くように、簡単でも難しいように道を行かなければいけません。"心は深い谷間のように空にし、本当にきれいなら悪口を言われることもしっていかねばならないです。世の中を広く抱いても、人々は愛が足りないと思って、良い関係は無視するように隔意がなく、表立たない。素朴で真のものは少し愚かに見えることもある。""本当に大きいものは終りがなくて、本当に大きな器は完成せず、本当に大きな音は聞こえず、本当に大きな形象は姿がなく、道(タオ)は名もなく隠れている。"

ただタオのみが我々の人生を借りて、しばらく何かを成し遂げるだけです。

42

道 生 一,　一 生 二,　二 生 三,　三 生 萬 物.　萬 物 負 陰
도 생 일　　일 생 이　　이 생 삼　　삼 생 만 물　　만 물 부 음
dào shēng yǐ　yī shēng èr　èr shēng sān　sān shēng wàn wù　wàn wù fù yīn
どう せい いち　いち せい に　に せい さん　さん せい ばんぶつ　ばんぶつ ふ いん

而 抱 陽,　沖 氣 以 爲 和.　人 之 所 惡,　唯 孤 寡 不 穀,　而
이 포 양　　충 기 이 위 화　　인 지 소 오　　유 고 과 불 곡　　이
ér bào yáng　chōng qì yǐ wéi hé　rén zhī suǒ wù　wéi gū guǎ bù gǔ　ér
じ ほう よう　ちゅうき い い わ　じん し しょ お　ゆい こ か ふ こく　じ

王 公 以 爲 稱.　故 物 或 損 之 而 益,　或 益 之 而 損　人 之
왕 공 이 위 칭　　고 물 혹 손 지 이 익　　혹 익 지 이 손　　인 지
wáng gōng yǐ wéi chēng　gù wù huò sǔn zhī ér yì　huò yì zhī ér sǔn　rén zhī
おう こう い しょう　こ ぶつ わく そん し じ えき　わく えき し じ そん　じん し

所 敎,　我 亦 敎 之.　强 梁 者,　不 得 其 死　吾 將 以 爲 敎
소 교　　아 역 교 지　　강 량 자　　부 득 기 사　　오 장 이 위 교
suǒ jiāo　wǒ yì jiāo zhī　qiáng liáng zhě　bù dé qí sǐ　wú jiāng yǐ wéi jiāo
しょ きょう　が えき きょう し　きょう りょう しゃ　ふ とく き し　ご しょう い い きょう

父.
부
fù
は

도생일道生一, 일생이一生二, 이생삼二生三, 삼생만물三生萬物. 도에서 시작해서 무극無極, 태극太極, 삼태극三太極, 사상四象, 오행五行으로 진화하고 발전하여 만물이 생겨납니다. 만물은 음陰을 등에 지고 양陽을 품에 안은 음양 양면성을 가지고 있습니다. 음양이 서로 오고 가는 가운데 기운이 생겨나고 역동적인 조화를 이루게 됩니다. 사람들은 고아 되는 것, 짝 잃는 것, 쭉정이처럼 보잘 것 없이 되는 것을 싫어하지만 이것은 임금이 자기를 낮춰

부르는 말입니다. 이런 말을 쓰는 것은 만물의 양면성에 의해 덜어냈는데 더해지기도 하고, 더했는데 줄어들기도 한다는 것을 알기 때문입니다. 사람들이 가르치는 평범한 것은 누구나 가르칠 수 있습니다. 자기를 낮추지 않고 자기 생각만 옳다고 강하게 드러내는 사람은 제명에 죽지 못합니다. 내가 정말 가르치고 싶은 것은 만물의 양면성입니다.

由道开始演变, 无极, 太极, 三太极, 四象, 五行, 产生万物, 万物背负着阴, 怀抱着阳, 具有阴阳两面性, 阴阳你来我往, 产生了气, 形成动态和谐. 人们讨厌成为孤儿, 失去伴侣, 像秕粒一样微不足道, 而这些恰是国王自贬的称呼. 之所以使用这种语言, 是因为万物的两面性, 想要减损就会被增益, 想要增益的时候反而减损. 很多老师所教授的平凡知识谁都能教, 那些不放低自己, 只强调主张片面思想的人, 是无法寿终正寝的, 我把这当作我施教的宗旨.

道(タオ)が一つを生んで(道生一)、一つは二つを生んで(一生二)、二つは三つを生んで(二生三)、三つが万物を生む(三生萬物)。タオから始まり、無極、太極、三太極、四象、五行へと進化し、発展して万物が生まれます。万物は陰を背に負い、陽を胸に抱いた陰陽の両面性を持っています。陰陽が行き交う中で機運が生まれ、躍動的な調和を成すことになります。

人々は孤児になること、片思いを失うこと、粃ようにつまらないものになるのを嫌

いますが、これは王様が自分を低めて自分自身を呼ぶ言葉です。こんな言葉を使うのは、万物の持つ両面性によって、減らしたのに増えることもあり、あるいは、増やしたのに減ることもあることを知っているからです。

人が教える平凡なことは誰でも教えることができます。自分を低めず、自分の考えだけが正しいと強く表わす人は天命の全う出来ません。私が本当に教えたいのは万物の両面性です。

43

天下之至柔,　馳騁天下之至堅.　無有入無間.　吾是以
천하지지유　치빙천하지지견　무유입무간　오시이
tiān xià zhī zhì róu　chí chěng tiān xià zhī zhì jiān　wú yǒu rù wú jiān　wú shì yǐ
てん か し し じゅう　ち てい てん か し し けん　む ゆう にゅう む かん　ご ぜ い

知無爲之有益,　不言之敎,　無爲之益,　天下希及之.
지무위지유익　불언지교　무위지익　천하희급지
zhī wú wéi zhī yǒu yì　bù yán zhī jiào　wú wéi zhī yì　tiān xià xī jí zhī
ち む い し ゆう えき　ふ げん し きょう　む い し えき　てん か き きゅう し

정말 유연한 것은 말할 수 없이 강한 것을 어루만질 수 있습니다. 공기처럼 형체가 없으면 틈이 없어도 들어갈 수 있습니다. 나는 애쓰지 않고도 돕는 법을 압니다. 말하지 않고도 가르칠 수 있고, 애쓰지 않아도 적절하게 도울 수 있습니다. 이런 무위(無爲)의 마음을 쓰는 사람은 이 세상에 많지 않습니다.

天下最柔软的东西, 可以承载强大之物在其中自由驰骋. 像空气一样, 没有形体, 因此没有缝隙也能钻进任何事物.

我因此懂得了毫不费力也能帮上忙的方法, 不用说也能教导, 不用做也能成事. 在这个世界上, 使用这种方法的人并不多.

本当に柔軟なことは言い難いほど強いことでも柔らかく撫でることができます。

空気のように形がなければ、隙間がなくても入ることができます。

私は努力しなくても助ける方法がわかります。言わなくても教えることができ、努力しなくても適切に助けることができます。

このような無為の心を使える人はこの世に多くいません。

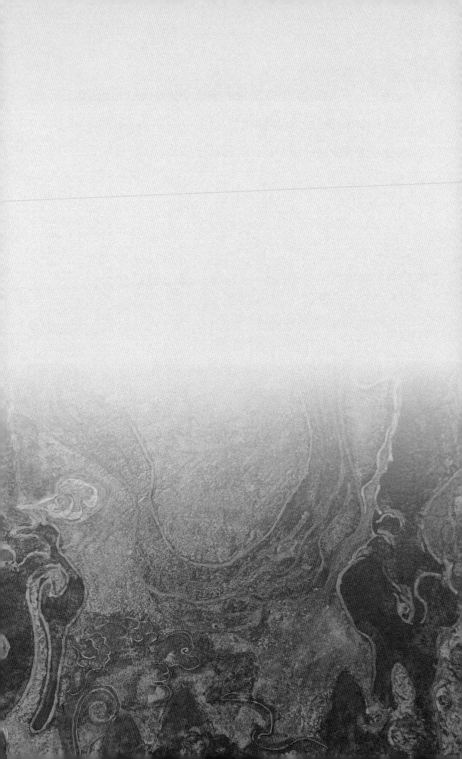

IX
知止
44장~46장

멈출 줄 알아야 한다.
无止境的欲望是最危险的.
止めることができなければならない.

44

名 與 身 孰 親?　　身 與 貨 孰 多?　　得 與 亡 孰 病?　　是 故 甚
명 여 신 숙 친　　　　신 여 화 숙 다　　　　득 여 망 숙 병　　　　시 고 심
míng yǔ shēn shú qīn　　shēn yǔ huò shú duō　　dé yǔ wáng shú bìng　　shì gù shèn
めい よ しん じゅく しん　　しん よ か じゅく た　　とく よ ぼう じゅく びょう　　ぜ こ じん

愛 必 大 費,　　多 藏 必 厚 亡.　　故 知 足 不 辱,　　知 止 不 殆,　　可
애 필 대 비　　　　다 장 필 후 망　　　　고 지 족 불 욕　　　　지 지 불 태　　　　가
ài bì dà fèi　　duō cáng bì hòu wáng　　gù zhī zú bù rǔ　　zhī zhǐ bù dài　　kě
あい ひつ だい ひ　　た ぞう ひつ こう ぼう　　こ ち そく ふ じょく　　ち し ふ たい　　か

以 長 久.
이 장 구
yǐ cháng jiǔ
い ちょう きゅう

명예와 몸, 어느 것이 더 귀한가요? 몸과 돈, 어느 것이 더 가치가 있나요? 얻는 것과 잃는 것, 어느 것이 나를 병들게 할까요? 지나치게 아끼고 사랑하면 반드시 대가를 치르게 됩니다. 많이 쌓아 두면 반드시 크게 잃게 됩니다. 만족할 줄 알면 욕먹지 않고, 적당할 때 멈출 줄 알면 위험하지 않습니다. 만족하고 멈추어야 오래갈 수 있습니다.

名誉和身体, 哪个更亲近? 身体和金钱, 哪个更有价值? 得与失, 哪个会使人生病? 过份的爱惜必招来更大的破费. 积敛得越多, 必定损失得越多. 所以说, 懂得满足才不会导致耻辱, 适可而止才不会遇到危险. 如此, 才能长久平安地生活.

名誉と体とどちらがもっと大事ですか。体とお金とどちらがもっと価値があります
か。得ること、失うこととどちらが私を病ませますか。過度に大事に愛すると必ず
代価を払うことになります。たくさん積んでおくと必ず大きく失います。満足するこ
とができれば悪口を言わずに適当な時に止めることができれば危険ではありませ
ん。満足して止めることができてこそ長続きできます。

45

大成若缺, 其用不弊. 大盈若沖, 其用不窮. 大直
대 성 약 결　기 용 불 폐　대 영 약 충　기 용 불 궁　대 직
dà chéng rùo quē　qí yòng bù bì　dà yíng rùo chōng　qí yòng bù qióng　dà zhí
たい せい にゃくけつ　き よう ふ へつ　たい えい にゃくちゅう　き よう ふ きゅう　たい ちょく

若屈, 大巧若拙, 大辯若訥. 躁勝寒, 靜勝熱, 清
약 굴　대 교 약 졸　대 변 약 눌　조 승 한　정 승 열　청
rùo qū　dà qiǎo rùo zhūo　dà biàn rùo nè　zào shèng hán　jìng shèng rè　qīng
にゃくくつ　たい こう にゃくせつ　たい べん にゃくとつ　そう しょう かん　せい しょう ねつ　せい

靜爲天下正.
정 위 천 하 정
jìng wéi tiān xià zhèng
せい い てん か せい

정말 잘 만들어진 것은 약간 결함이 있지만 써 보면 문제가 없습
니다. 조금 비어 있어야 가득 찬 것입니다. 그래야 쓸 때 불편하
지 않습니다. 곧게 뻗어 있으면 약간 굽어 보입니다. 고수들은
어떻게 보면 엉성합니다. 말을 잘하는 사람들은 조금 뜸을 들입
니다.
추울 때는 몸을 움직이고, 더울 때는 고요하게 앉습니다. 세상의
평화를 바라는 사람들은 맑고 고요합니다.

真正好的东西, 看起来有缺陷, 使用起来没有问题. 释放出空间才是真正的满, 用
起来才比较方便. 真正直的东西, 感觉有点弯曲. 最高手的巨作, 看起来的有点粗
糙. 善于言辞的人, 似乎有点口讷.

冷了就活动活动身体, 热了就静静坐会儿, 渴望世界和平的人们是清净的.

本当によく作られた物は些細な欠陥があっても、使ってみたら問題が。ありません。少し空いてこそ、本当に満ちているものです。そうしてこ使う時に不便ではありません。まっすぐ伸びていると、少し曲がって見えます。ベテランは動もすれば粗っぽいです。話し上手な人は少したどたしく話します。寒い時は体を動かして、暑いときは静かに座ります。世の中の平和を望む人々は清く静かです。

46

天下有道,　却走馬以糞,　天下無道,　戎馬生於郊.　禍
천 하 유 도　각 주 마 이 분　천 하 무 도　융 마 생 어 교　화
tiān xià yǒu dào　què zǒu mǎ yǐ fèn　tiān xià wú dào　róng mǎ shēng yú jiāo　huò
てん か ゆう どう　きゃく そう ば い ふん　てん か む どう　じゅう ば せい お こう　か

莫大於不知足,　咎莫大於欲得.　故知足之足,　　常足矣.
막 대 어 부 지 족　구 막 대 어 욕 득　고 지 족 지 족　　상 족 의
mò dà yú bù zhī zú　jiù mò dà yú yù dé　gù zhī zú zhī zú　cháng zú yǐ
も だい お ふ ち そく　きゅう も だい お よく とく　こ ち そく し そく　じょう そく い

이 세상에 도가 있으면 전쟁터를 달리던 말이 밭에서 거름을 나르지만, 도가 없으면 군대 막사에서 새끼를 낳습니다.
만족하지 못하는 것보다 더 큰 재앙은 없습니다. 끝없이 가지고자 하는 욕심이 가장 위험합니다. 만족하고 멈출 줄 알아야 그 자리를 지킬 수 있습니다.

世上有道, 驰骋疆场的战马在田里驮肥, 没有道, 则在军队营帐边生小马驹.
没有比不满足更大的灾难, 无止境的欲望是最危险的. 知道到什么地步就该满足了的人, 才能守住自己的根本.

この世に道(タオ)があれば戦場を走っていた馬が畑で肥を運びますが、タオがなければ軍隊の廏舎で仔を産みます。
満足できないことよりもっと大きな災いはありません。限りなく持とうとする欲が一

番危ないです。満足して止めることができてこそ、その地位を守ることができます。

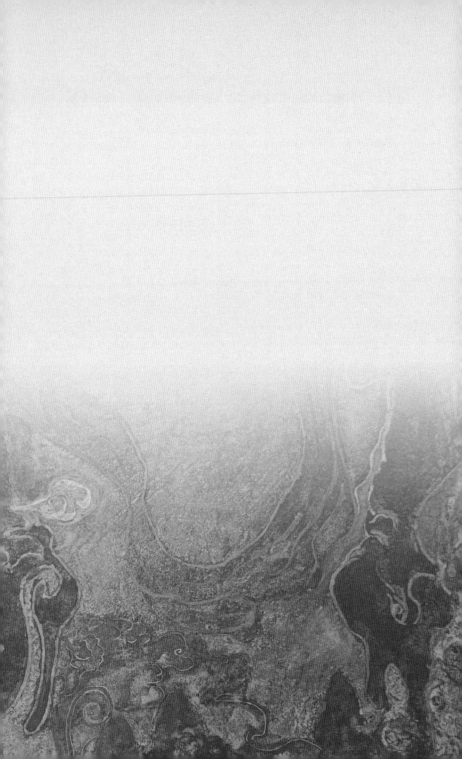

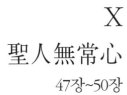

X

聖人無常心

47장~50장

크게 보면 차이가 없다.

从大的方面来看没有差异.

大きく見れば差がない.

47

不出戶知天下, 不窺牖見天道. 其出彌遠, 其知彌
불 출 호 지 천 하　불 규 유 견 천 도　기 출 미 원　기 지 미
bù chū hù zhī tiān xià　bù kuī yǒu jiàn tiān dào　qí chū mí yuǎn　qí zhī mí
ふ しゅつ こ ち てん か　ふ き ゆ けん てん どう　き しゅつ び えん　き ち び

少. 是以聖人不行而知, 不見而名, 不爲而成.
소　시 이 성 인 불 행 이 지　불 견 이 명　불 위 이 성
shǎo　shì yǐ shèng rén bù xíng ér zhī　bù jiàn ér míng　bù wéi ér chéng
しょう　ぜい せい じん ふ こう じ ち　ふ けん じ めい　ふ い じ せい

문밖을 나가지 않아도 내 삶을 보면 세상을 알 수 있습니다. 창
문으로 하늘을 보지 않아도 우주의 질서를 알 수 있습니다. 멀리
돌아다닌다고 더 많이 아는 게 아닙니다. 자기 스스로를 성찰하
는 성인은 멀리 다니지 않아도 알고, 보지 않아도 본 것처럼 밝게
구분하고, 애쓰지 않고도 이룰 수 있습니다.

即使不出门, 只要看看我的生活, 就能了解世界. 不用透过窗户, 也能知道宇宙的

秩序. 走得路多, 不代表懂得多. 懂得审察自己的圣人, 他无须经历便能知道, 不

必目睹也能明辨, 不必费心也能成事.

門の外に出なくても自分の人生を見れば世の中が分かります。窓から天を見なく

ても宇宙の秩序が分かります。遠く旅したからと言ってもっと知っているわけでは

ありません。自分自身を省察する聖人は遠くまで行かなくても分かっていて、見な

くても見たように明るく区分して、努力しなくても成し遂げられます。

48

爲學日益, 爲道日損. 損之又損, 以至於無爲, 無爲而
위 학 일 익   위 도 일 손   손 지 우 손   이 지 어 무 위   무 위 이
wéi xué rì yì wéi dào rì sǔn sǔn zhī yòu sǔn yǐ zhì yú wú wéi wú wéi ér
い がく にち えき い どう にち そん そん し ゆう そん い し お む い む い じ

無不爲. 取天下, 常以無事, 及其有事, 不足以取天
무 불 위   취 천 하   상 이 무 사   급 기 유 사   부 족 이 취 천
wú bù wéi qǔ tiān xià cháng yǐ wú shì jí qí yǒu shì bù zú yǐ qǔ tiān
む ふ い しゅ てん か じょう い ぶ じ きゅう き ゆう じ ふ そく い しゅ てん

下.
하
xià
か

멀리 가고 많이 공부해서 매일매일 쌓아 왔다면, 그 뒤에는 하루
하루 덜어내야 합니다. 지식을 내 것이라고 생각하지 않고 덜어
내고 또 나누면 학學과 도道가 통합된 무위無爲에 이르게 됩니다.
자연의 순리에 따라 더하기도 하고 덜어내기도 하는 무위無爲의
마음으로 일하면 안 되는 일이 없습니다. 세상을 품에 안으려면
내가 세상을 가지겠다는 마음으로는 안 됩니다.

如果你在某段时间, 走了很多路, 学了很多知识, 日积月累得到收获, 那么之后就
要开始将这些所得减损掉. 不把知识当做自己的东西, 通过分享来减损它, 就达
到了学与道合一的无为. 顺其自然, 有时增加, 有时减损, 以无为之心做事, 没有
做不成的事. 要想拥抱世界, 就不要把世界当成自己的.

遠く行って、たくさん勉強して、毎日積んできたとすれば、その後は毎日少しずつ減らさなければなりません。知識を自分のものだと思わずに取り除き、また分けると、学びとタオが統合された無為に達することになります。自然の順調秩序に従って、加えたり、引いたりすることもある無為の心で働いては、できないことはありません。世の中を胸に抱くためには、自分が世の中を手に入れるという考えではだめです。

49

聖人無常心, 以百姓心爲心. 善者吾善之, 不善者
성인무상심 이백성심위심 선자오선지 불선자
shèng rén wú cháng xīn yǐ bǎi xìng xīn wéi xīn shàn zhě wú shàn zhī bù shàn zhě
せい じん む じょう しん い ひゃく せい しん い しん ぜん しゃ ご ぜん し ふ ぜん しゃ

吾亦善之. 德善. 信者吾信之, 不信者吾亦信之. 德
오역선지 덕선 신자오신지 불신자오역신지 덕
wú yì shàn zhī dé shàn xìn zhě wú xìn zhī bù xìn zhě wú yì xìn zhī dé
ご えき ぜん し とく ぜん しん じゃ ご しん し ふ しん じゃ ご えき しん し とく

信. 聖人在天下, 慄慄爲天下, 渾其心. 而百姓皆注
신 성인재천하 첩첩위천하 혼기심 이백성개주
xìn shèng rén zài tiān xià dié dié wéi tiān xià hún qí xīn ér bǎi xìng jiē zhù
しん せい じん ざい てん か ちょう ちょう い てん か こん き しん じ ひゃく せい かい ちゅう

其耳目, 聖人皆孩之.
기이목 성인개해지
qí ěr mù shèng rén jiē hái zhī
き じ もく せい じん かい がい し

성인은 내 생각이 반드시 옳다는 고정관념이 없어 다른 사람들
의 마음을 따를 수 있습니다. 선한 사람에게는 선하게, 선하지 않
은 사람에게도 선하게 대합니다. 고정관념으로 선악을 나누지
않는 이런 마음을 '덕선德善'이라고 합니다. 믿을 수 있는 사람을
믿고, 믿지 못할 사람이라도 이해합니다. 이런 믿음을 '덕신德信'
이라고 합니다. 성인은 차이를 흩어서 마음을 섞어 버립니다. 사
람들은 옳고 그름의 차이에 눈과 귀를 집중하지만 성인은 어린
아이 달래듯이 합니다.

圣人不去想自己是一定正确的, 也没有什么固定的观念, 所以能够追随人心赢得人心. 对善人善待, 对不善人也善待. 这种不以固定观念来划分善恶的心, 叫做"德善". 信任可以信任的人, 也理解信不住的人. 这种信任叫做"德信." 圣人把是非散开, 把种种分别心都糅合在一起. 人们把眼耳集中在辨别对错是非上, 圣人却哄孩子般让他们回归淳朴.

聖人は自分の考えが必ずしも正しいという固定観念がなく、他人の心に従うことができます。善良な人には善良に、善くない人にも善く持て成します。固定観念で善悪を分かち合わないこのような気持ちを"徳善"といいます。信じられる人を信じ、信じられない人でも理解します。このような信仰を"徳信"と言います。聖人は差を散らして心を混ぜてしまいます。人々は善し悪しの違いに目と耳を集中しますが、聖人は子供をなだめるように人を対します。

50

出 生, 入 死.　生 之 徒, 十 有 三.　死 之 徒, 十 有 三.　人
출　생　입　사　　생　지　도　　십　유　삼　　사　지　도　　십　유　삼　　인
chū shēng rù sǐ　shēng zhī tú　shí yǒu sān　sǐ zhī tú　shí yǒu sān　rén
しゅつ せい にゅうし　せい し と　じゅう ゆう さん　し し と　じゅう ゆう さん　じん

之 生, 動 之 死 地, 亦 十 有 三.　夫 何 故?　以 其 生 生 之
지　생　동　지　사　지　역　십　유　삼　　부　하　고　　이　기　생　생　지
zhī shēng dòng zhī sǐ dì　yì shí yǒu sān　fū hé gù　yǐ qí shēng shēng zhī
し せい どう し し ち　えき じゅう ゆう さん　ふ か こ　い き せい せい し こ

厚.　蓋 聞, 善 攝 生 者, 陸 行 不 遇 兕 虎, 入 軍 不 被 甲
후　　개　문　선　섭　생　자　육　행　불　우　시　호　입　군　불　피　갑
hòu　gài wén　shàn shè shēng zhě　lù xíng bù yù sì hǔ　rù jūn bù bèi jiǎ
う　がい もん　ぜん せつ せい しゃ　りく こう ふ ぐう じ こ　にゅうぐん ふ ひ こう

兵.　兕 無 所 投 其 角, 虎 無 所 措 其 爪, 兵 無 所 容 其 刃.
병　시　무　소　투　기　각　호　무　소　조　기　조　병　무　소　용　기　인
bīng　sì wú suǒ tóu qí jiǎo　hǔ wú suǒ cuò qí zhǎo　bīng wú suǒ róng qí rèn
へい　じ む しょ とう き かく　こ む しょ そ き そう　へい む しょ よう き じん

夫 何 故?　以 其 無 死 地.
부　하　고　　이　기　무　사　지
fū hé gù　yǐ qí wú sǐ dì
ふ か こ　い き む し ち

삶은 태어'나는(出)' 것이고, 죽음은 돌아'가는(入)' 것입니다. 자
기 수명대로 다 사는 사람이 열에 셋이고, 일찍 죽는 사람도 열에
셋입니다. 살고 싶어 하지만 죽음의 길로 가고 있는 사람도 열에
셋입니다. 왜 이렇게 살고 싶어 하면서 죽음으로 갈까요? 삶에
집착하기 때문입니다.

이런 말을 들었습니다. "몸과 마음을 굳게 지켜 자연과 하나인 사
람은 험한 산길을 걸어도 코뿔소나 호랑이를 만나지 않고, 군대에

가더라도 갑옷 무장을 하지 않아도 됩니다. 이렇게 걸어가다 위험을 만나도 코뿔소가 그 뿔로 받을 곳이 없고, 호랑이가 그 발톱으로 할퀼 곳이 없고, 적이 칼을 댈 곳을 찾지 못합니다."

왜 이렇게 되겠습니까? 그는 삶과 죽음을 들어오고 나가는 것처럼 받아들이고 집착하지 않아서, 죽을 자리가 없기 때문입니다.

出生是归来, 而死亡是回归. 能够活完其寿命的人十之有三, 早死的人十之有三, 虽然很想活下去, 不知不觉走上死亡之路的人也十之有三. 为什么想要活着, 却走向了死亡? 因为世人实在执着于生.

我曾听人说—— 坚守身心与自然融为一体的人, 虽然走险道也不遇犀牛老虎, 即使当兵不用带盔甲武装自己. 这样走着遇到危险, 犀牛用角无处攻击 老虎对其身无处伸爪, 敌人找不到下手的地方.

为什么会这样呢? 因为他接受生生死死, 如同进进出出, 所以他不会陷入致死的境地.

人生は生まれて"出"で、死は帰って"入"るものです。自分の寿命通りに生きてる人が十人の中で三人で、はやじに死ぬ人も十人の中で三人だけです。生きていきたいといえども死の道へ向かっている人も十人の中で三人です。どうしてこんなに生きたがりながら死に行くのでしょうか。人生に執着するからです。

こんなことを言われました。"体と心を固く守って自然と一つになった人は険しい

山道を歩いても犀や虎に会わずに軍隊に入っても鎧か武装をしなくていいです。

こんなふうに歩いて行く危険に出会ってもサイがその角で受ける所がなく、虎が

その爪で割る場所がなく、敵が刀を差す所を探せません。"

どうしてこんなにできますか。彼は生と死を門を自由に出入りするように受け止め

生死に執着しないので死ぬことがないからです。

XI
含德之厚
51장~55장

대도의 길을 걷는 사람, 몸과 마음이
열린 사람.

走在大道路上的人, 敞开身心应和着大道
的人.

大道(ダィタォ)の道を歩く(歩む)人, 体と心
が開かれた人.

道 生 之, 德 畜 之, 物 形 之, 勢 成 之. 是 以 萬 物 莫 不 尊
도 생 지　덕 축 지　물 형 지　세 성 지　시 이 만 물 막 불 존
dào shēng zhī　dé xù zhī　wù xíng zhī　shì chéng zhī　shì yǐ wàn wù mò bù zūn
どう せい し　とく ちく し　ぶつ けい し　せい せい し　ぜ い ばん ぶつ も ふ そん

道 而 貴 德. 道 之 尊, 德 之 貴, 夫 莫 之 命, 而 常 自 然. 故
도 이 귀 덕　도 지 존　덕 지 귀　부 막 지 명　이 상 자 연　고
dào ér guì dé　dào zhī zūn　dé zhī guì　fū mò zhī mìng　ér cháng zì rán　gù
どう じ き とく　どう し そん　とく し き　ふ も し めい　じ じょう し ぜん　こ

道 生 之, 德 畜 之, 長 之 育 之, 亭 之 毒 之, 養 之 覆 之.
도 생 생　덕 축 지　장 지 육 지　정 지 독 지　양 지 복 지
dào shēng zhī　dé xù zhī　cháng zhī yù zhī　tíng zhī dú zhī　yǎng zhī fù zhī
どう せい し　とく ちく し　ちょう し いく し　てい し どく し　よう し ふく し

生 而 不 有, 爲 而 不 恃, 長 而 不 宰. 是 謂 玄 德.
생 이 불 유　위 이 불 시　장 이 불 재　시 위 현 덕
shēng ér bù yǒu　wéi ér bù shì　cháng ér bù zǎi　shì wèi xuán dé
せい じ ふ ゆう　い じ ふ し　ちょう じ ふ さい　ぜ い げん とく

(남자와 여자가 만나 낳고 기르는 것이 아니라) 도와 덕으로 낳고 기릅니다. 도와 덕으로 아이의 몸이 만들어지고, 건강하게 자라납니다. 세상 만물은 도와 덕을 귀하게 여기고 도와 덕은 없어서는 안 됩니다. 도와 덕은 존귀합니다. 누가 시켜서 그렇게 하는 것이 아니라 저절로 그렇게 되는 것입니다.

도와 덕은 낳고 기르고, 돌보고 덮어 줍니다. 도와 덕은 낳았지만 가지지 않고, 애쓰지만 대가를 바라지 않고, 길렀더라도 개입하지 않습니다. 이런 마음을 '현덕玄德'이라고 합니다.

每一条生命, 是道所生的, 是德所养的, 化育成各种物质形态, 健康成长, 生生跃动. 所以, 世间万物, 没有不敬畏大道, 不珍惜恩德的. 道和德是如此尊贵, 在于他不是受人的命令指使, 而是自然而然, 永恒如此的.

道和德是创生, 畜养, 使得万物成长发育, 给万物平安稳定, 对它们抚爱和保护. 然而, 这样的用心养育却不占为己有, 帮助但不居功, 培养但不干涉. 这真是深不可测的德行——玄德啊.

(男性と女性が出会って生んだり育てたりするのではなく)タオと徳で生んで育てます。タオと徳のおかげで子供の体が作られたり、健康に育ちます。世の中の万物は、タオと徳を大切にし、タオと徳はなくてはなりません。タオと徳は尊貴です。誰かがさせてそうするのではなく自然にそうなるのです。

道(タオ)と徳は生んで育て、見守ってくれます。タオと徳は生んでも所有せず、努力しても代価を望まず、育てても介入しません。こんな心を玄徳と言います。

52

天下有始, 以爲天下母. 旣得其母, 以知其子. 旣知其
천하유시 이위천하모 기득기모 이지기자 기지기
tiān xià yǒu shǐ yǐ wéi tiān xià mǔ jì dé qí mǔ yǐ zhī qí zǐ jì zhī qí
てん か ゆう し い い てん か ぼ き とく き ぼ い ち き し き ち き

子, 復守其母. 沒身不殆. 塞其兌, 閉其門, 終身
자 복수기모 몰신불태 새기태 폐기문 종신
zǐ fù shǒu qí mǔ mò shēn bù dài sài qí duì bì qí mén zhōng shēn
し ふく しゅ き ぼ ぼつ しん ふ たい さい き だい へい き もん しゅう しん

不勤. 開其兌, 濟其事, 終身不救. 見小曰明, 守
불근 개기태 제기사 종신불구 견소왈명 수
bù qín kāi qí duì jì qí shì zhōng shēn bù jiù jiàn xiǎo yuē míng shǒu
ふ きん かい き たい せい き じ しゅう しん ふ きゅう けん しょう えつ みょう しゅ

柔曰强. 用其光, 復歸其明, 無遺身殃. 是爲襲
유왈강 용기광 복귀기명 무유신앙 시위습
róu yuē qiáng yòng qí guāng fù gūi qí míng wú yí shēn yāng shì wéi xí
じゅう えつ きょう よう き こう ふく き き みょう む い しん おう ぜ い しゅう

常.
상
cháng
じょう

태초에 한울 어머니가 계셨습니다. 한울 어머니를 마음에 모시
면 내가 당신의 아들인 것을 알게 됩니다. 한울 어머니의 아들이
라는 걸 알면 어머니를 마음에 모실 수 있습니다. 이런 사람은
죽음이 올 때까지 위험하지 않습니다.

입을 다물고, 문을 닫아 두면 애쓰지 않아도 됩니다. 입을 열어
중언부언 말을 하고, 일을 벌이면 아무도 도울 수 없습니다.

보이지 않는 미세한 것을 보는 것이 '밝음(明)'입니다. 한울 어머

니를 마음에 모시는 것은 '강함(强)'입니다. 빛의 길을 따라 '밝음(明)'으로 돌아가면 재난을 겪지 않습니다. 노력하고 노력해서 몸으로 익힌 이런 지혜를 '습상(襲 l 習 l 常)'이라고 합니다.

太初之始, 有母亲在啊. 如果把她放在心上, 终究会晓得我们是孩子. 知道我们是道的儿女, 如此深深地把母亲放在心里. 这样的人, 知道死亡来临也不会有危险. 闭上感官, 关闭心门, 因此终生不必操劳奔波. 敞开感官, 启动欲望, 极尽聪明能事, 终生也就不可能自救救人.

能见常人所不见的精微之物, 这样的智慧叫"明". 把柔软的母亲总是放在心上莫失莫忘, 这样的守护心叫"强". 借她给予的火吧, 再次回到光明大道, 就不会经历灾难, 通过加倍的努力, 让生命世代传袭这样的智慧之光, 叫做"袭常".

太初に母親女神がいらっしゃいました。"母親女神を心に仕えば、自分があなたの息子であることに気づくようになります。"母親女神の息子だということを知れば母親の心に繋がります。こんな人は死が来るまで危なくありません。

口をつくんで、門を閉めておけば労しなくてもいいです。口を開けてあやふやなことを話して、仕事に取り掛かれば誰も助けることができません。

見えない微細なものを見るのが"明るさ"です。母親女神を心に繋げるのは"強さ"です。光の道に沿って"明るさ"に回れば、災難に直面しないで済みます。熱心に努力して、身で学んだこのような知恵を"襲(習)常"といいます。

53

使 我 介 然 有 知,	行 於 大 道,	唯 施 是 畏.	大 道 甚 夷,	而
사 아 개 연 유 지	행 어 대 도	유 시 시 외	대 도 심 이	이
shǐ wǒ jiè rán yǒu zhī	xíng yú dà dào	wéi shī shì wèi	dà dào shèn yí	ér
し が かい ぜん ゆう ち	こう お だい どう	ゆい し ぜい	だい どう じん い	じ

民 好 徑.	朝 甚 除,	田 甚 蕪,	倉 甚 虛.	服 文 綵,	帶 利
민 호 경	조 심 제	전 심 무	창 심 허	복 문 채	대 리
mín hǎo jìng	cháo shèn chú	tián shèn wú	cāng shèn xū	fú wén cǎi	dài lì
みん こう けい	ちょう じん じょ	でん じん ぶ	そう じん きょ	ふく ぶん さい	たい り

劍,	厭 飲 食,	財 貨 有 餘,	是 謂 夸 盜.	非 道 也 哉!
검	염 음 식	재 화 유 여	시 위 과 도	비 도 야 재
jiàn	yàn yǐn shí	cái huò yǒu yú	shì wèi kuā dào	fēi dào yě zāi
けん	えん いん しょく	ざい か ゆう よ	ぜ い か とう	ひ どう や さい

하늘이 내게 작은 지혜라도 주신다면 대도大道를 따르겠습니다. 나쁜 길을 걸을까 두려울 뿐입니다. 대도大道의 길은 쉬워서 누구나 걸을 수 있지만, 사람들은 자기에게 유리한 지름길로 가고 싶어합니다.

(지도자들이 대도를 따르지 않고 자기 이익만 생각하면) 조정과 왕실은 겉은 깨끗해 보이지만 속은 썩게 됩니다. 밭은 황폐하고, 창고는 텅 비었습니다. 이런데도 불구하고 왕이 화려한 옷을 입고, 비싼 칼을 차고, 질릴 때까지 먹고 마시고, 돈이 남아돌아 가는 건 한 나라의 왕이 아니라 도적의 수괴입니다. 도에 대한 배반입니다.

上天賜给我一点智慧之光, 我已知道了大道之所在啊. 只是一踏上此路, 我畏惧

自己会走上歧途. 大道的道很容易, 谁都可以走, 但人们只愿意走对自己有利的捷径.

(如果不走大道, 只考虑自身利益的话)朝廷和王室虽然外表干净, 内在腐败已极. 农地荒芜, 仓库空空如也. 不顾这些现状, 人君还是穿着华衣佩刀, 吃喝玩乐到发腻为止, 搜刮囤积金银财货. 这不是合格的领导者, 而是盗贼头子. 这是对道的背叛.

もし私に天から小さな知恵でもあたえてもらえるなら、大道(ダイタォ)に従います。悪い道を歩むか恐れるだけです。大道の道は易しくて誰でも歩くことができますが、人は自分に有利な近道に行きたがります。

(指導者たちが大道に従わず自分の利益だけを考えると)朝廷と王室は表は綺麗に見えるが、中身は腐っています。畑は荒廃し、倉庫はからっぽです。それにもかかわらず、王が華やかな服を着て、高級の刀をつけて、飽きるまで飲んで、お金を余らせているのなら国の王ではなく、盗賊の首魁です。タオに対する裏切りです。

善 建 者 不 拔,　善 抱 者 不 脫.　子 孫 以 祭 祀 不 輟.　修 之
선 건 자 불 발　　선 포 자 불 탈　　자 손 이 제 사 불 철　　수 지
shàn jiàn zhě bù bá　shàn bào zhě bù tuō　zǐ sūn yǐ jì sì bù chuò　xiū zhī
ぜん けん しゃ ふ ばつ　ぜん ほう しゃ ふ だつ　し そん い さい し ふ てつ　しゅう し

於 身,　其 德 乃 眞.　修 之 於 家,　其 德 乃 餘.　修 之 於 鄕,　其
어 신　　기 덕 내 진　　수 지 어 가　　기 덕 내 여　　수 지 어 향　　기
yú shēn　qí dé nǎi zhēn　xiū zhī yú jiā　qí dé nǎi yú　xiū zhī yú xiāng　qí
お しん　き とく ない しん　しゅう し お か　き とく ない よ　しゅう し お きょう　き

德 乃 長.　修 之 於 國,　其 德 乃 豊　修 之 於 天 下,　其 德 乃
덕 내 장　　수 지 어 국　　기 덕 내 풍　　수 지 어 천 하　　기 덕 내
dé nǎi cháng　xiū zhī yú gúo　qí dé nǎi fēng　xiū zhī yú tiān xià　qí dé nǎi
とく ない ちょう　しゅう し お こく　き とく ない ほう　しゅう し お てん か　き とく ない

普.　故 以 身 觀 身,　以 家 觀 家,　以 鄕 觀 鄕,　以 國 觀
보　　고 이 신 관 신　　이 가 관 가　　이 향 관 향　　이 구 관
pǔ　gù yǐ shēn guān shēn　yǐ jiā guān jiā　yǐ xiāng guān xiāng　yǐ gúo guān
ふ　こ い しん かん しん　い か かん か　い きょう かん きょう　い こく かん

國,　以 天 下 觀 天 下.　吾 何 以 知 天 下 然 哉?　以 此.
국　　이 천 하 관 천 하　　오 하 이 지 천 하 연 재　　이 차
gúo　yǐ tiān xià guān tiān xià　wú hé yǐ zhī tiān xià rán zāi　yǐ cǐ
こく　い てん か かん てん か　ご か い ち てん か ぜん さい　い し

대도大道를 따라 삶을 사는 사람은 큰 나무와 같아서 뽑혀 버려
지지 않습니다. 대도大道를 품에 안은 사람은 떨어져 나가지 않
습니다. 자손들은 그를 기억하고 제사를 그치지 않을 것입니다.
대도를 따르면 나, 가족, 마을, 국가, 세상이 마음으로 이어집니
다. 진실되고(眞), 여유롭고(餘), 전통을 이어가며(長), 풍요롭고
(豊) 누구나 행복을 누릴 것입니다(普). 대도를 따르면 모든 것이
자연스럽게 이어지기에 내 몸으로는 내 몸만, 가족으로는 가족

만, 마을로는 마을만, 국가로는 국가만, 천하天下로는 천하天下만 봐도 됩니다(국가를 위해 나를 희생한다는 생각을 할 필요가 없습니다). 내가 세상의 움직임을 어떻게 알았겠습니까? 이렇게 이해하는 겁니다.

秉持大道所建造的事业, 是不会被拔除的. 紧紧抱守着道的人是不会被外力剥脱掉的. 子孙们会记住他, 永久地祭祀着他. 就这样沿着大道的话, 从我自己, 家人, 村庄, 国家到世界会心连心. 真实无妄, 富裕有余, 延续传统, 丰饶昌盛, 所有人都享受幸福(真, 余, 长, 丰, 普). 一切东西都向着大道, 一切就会自然地连接起来. 将这样的道理运用于自己的身体, 身心一体. 运用于自己的家庭, 家庭和谐. 运用于整个国家, 国家和睦. 运用于整个世界, 世界和平(只要一切向着道就够了, 不用想着为了和平而去牺牲).

我如何知道世界应当如何运转呢? 就是这样的.

大道(ダイタオ)に従って生きる人は、大きな木のように引き抜かれてすてられることもありません。大道を自分の胸に抱いてる人は道を離されません。子孫たちは彼を記憶して祭祀を続けることでしょう。大道によると、自身、家族、村、国家、そして世の中が心の中で繋がります。真実で(眞)、余裕で(餘)、伝統を受け継ぎながら(長)、豊かで(豊)、誰もが幸せを享受します(普)。大道によれば、全てが自然に繋がるので、自分の体では自分の体だけ、家族では家族だけ、村では村

だけ、国家では国家だけ、天下では天下だけ見てもいいです(国のために私を犠牲にするという考えをする必要がありません)。

私が世の中の動きをどうやって理解したのでしょうか。このように理解するのです。

55

含 德 之 厚,　比 於 赤 子.　毒 蟲 不 螫,　猛 獸 不 據,　攫 鳥
함 덕 지 후　비 어 적 자　독 충 불 석　맹 수 불 거　화 조
hán dé zhī hòu　bǐ yú chì zǐ　dú chóng bù shì　měng shòu bù jù　jué niǎo
がん とく し こう　ひ お せき し　どく ちゅう ふ せき　もう じゅう ふ きょ　かく ちょう

不 搏.　骨 弱 筋 柔 而 握 固.　未 知 牝 牡 之 合 而 全 作,　精 之
불 박　골 약 근 유 이 악 고　미 지 빈 모 지 합 이 전 작　정 지
bù bó　gǔ ruò jīn róu ér wò gù　wèi zhī pìn mǔ zhī hé ér quán zuò　jīng zhī
ふ はく　こつ じゃく きん じゅう じ あつ こ　み ち ひん ぼ し がん じ ぜん さく　せい し

至 也.　終 日 號 而 不 嗄,　和 之 至 也.　知 和 曰 常,　知 常
지 야　종 일 호 이 불 사　화 지 지 야　지 화 왈 상　지 상
zhì yě　zhōng rì hào ér bù shà　hé zhī zhì yě　zhī hé yuē cháng　zhī cháng
し や　しゅう じつ ごう じ ふ さ　わ し し や　ち わ えつ じょう　ち じょう

曰 明.　益 生 曰 祥,　心 使 氣 曰 强.　物 壯 則 老,　謂 之 不
왈 명　익 생 왈 상　심 사 기 왈 강　물 장 즉 로　위 지 부
yuē míng　yì shēng yuē xiáng　xīn shǐ qì yuē qiáng　wù zhuàng zé lǎo　wèi zhī bù
えつ みょう　えき せい えつ しょう　しん し き えつ きょう　ぶつ そう そく ろう　い し ふ

道.　不 道 早 已.
도　부 도 조 이
dào　bù dào zǎo yǐ
どう　ふ どう そ い

대도를 따르며 덕을 품고 있는 사람은 '벌거숭이 어린아이'와 비
교할 수 있습니다. 독충이 그를 쏘지 못하고, 맹수도 그를 잡지 못
하고, 사나운 날짐승도 그를 덮치지 못합니다. 뼈와 근육이 약하
고 부드럽지만 잡으면 놓지 않습니다. 남녀의 성관계를 몰라도
고추가 발딱 일어섭니다. 하루종일 울어도 목이 쉬지 않습니다.
어린아이는 몸과 마음이 완전히 열려(和) 있습니다. 이렇게 몸과
마음을 열면 오래갑니다(常). 이런 사람은 '밝습니다(明)'.

도와 덕을 품지 않고 단지 오래 살아야만 한다고 생각하는 건 재 앙(祥)입니다. 자연스럽게 기운이 쇠하는 것을 잡아 두는 것은 억 지입니다. 이렇게 집착으로 굳어지면(壯) 늙어 갑니다. 몸과 마 음이 열린 것이 도라면, 굳은 것은 도가 아닙니다. 도가 아니면 오래가지 않습니다.

沿着大道, 心怀厚德的人, 可与赤身裸体的孩童相比—— 毒虫不叮他, 猛兽无法 抓他, 凶猛之鸟也扑不到他. 他的筋骨虽然柔软, 但小拳头却握得很牢固. 虽然不 懂男女之事, 但小鸡鸡却勃然举起, 这是因为精气充沛的缘故. 他整天啼哭也不 会哑了嗓子, 是因为他就连哭也是敞开着身心应和着大道. 这样地敞开身心应和 大道, 就会长久(常). 如此这般活下去, 成为了明亮的人生(明).
不怀道和德而想活很久, 会成为灾难. 元气衰竭了还想逞强, 就是强求. 事物过于 追求壮盛, 很快变得僵硬衰老. 如果说敞开身心是道, 那么身心僵化就不合于道. 不是道的话, 什么也不会长久的.

大道(ダイタオ)に従って德をいだいている人は'裸の子供'と比較することができま す。毒虫が彼を刺すことができず、猛獣も彼を捕まえられず、荒い獣も彼を襲うこ とができません。骨と筋肉が弱くて柔らかくても、つかめば放しません。男女の性 関係が分からなくてもチンコがぱっと立ち上がります。一日中泣いても声が枯れ ません。子供は体と心が完全に開かれています。こんなに身と心を開けば長く行き

ます(常)。こんな人は"明るい"です(明)。

タオと徳を胸に抱かないままで、ただ長生きしようとするのは、災い(祥)です。自然に力が衰えるのを止めておくのは強引なことです。こんなに執着で固まると老いていきます。体と心が開かれたのが 道（タオ）たと言うなら、固いのはタオではありません。タオでなければ長続きしません。

XII
玄同, 和光同塵
56장~58장

현동(玄同). 대립되는 것을 하나로 이
해하는 사람

玄同, 把对立理解为一体的人.

玄同, 対立することを一つに理解する人.

56

知者不言, 言者不知. 塞其兌, 閉其門, 挫其銳, 解其
지자불언 언자부지 새기태 폐기문 좌기예 해기
zhī zhě bù yán　yán zhě bù zhī　sài qí duì　bì qí mén　cuò qí ruì　jiě qí
ちしゃふげん　げんしゃふち　さいきたい　へいきもん　ざきえつ　かいき

分. 和其光, 同其塵. 是謂玄同. 故不可得而親, 不
분 화기광 동기진 시위현동 고불가득이친 불
fēn　hé qí guāng　tóng qí chén　shì wèi xuán tóng　gù bù kě dé ér qīn　bù
ふん　わきこう　どうきじん　ぜいげんどう　こふかとくじしん　ふ

可得而疏. 不可得而利, 不可得而害. 不可得而貴, 不
가득이소 불가득이리 불가득이해 불가득이귀 불
kě dé ér shū　bù kě dé ér lì　bù kě dé ér hài　bù kě dé ér guì　bù
かとくじそ　ふかとくじり　ふかとくじがい　ふかとくじき　ふ

可得而賤. 故爲天下貴.
가득이천 고위천하귀
kě dé ér jiàn　gù wéi tiān xià guì
かとくじせん　こいてんかき

도와 덕을 아는 사람은 다 말하지 않습니다. 말하는 사람은 삶
의 양면성을 다 알지 못합니다. 입을 다물고, 생각의 문도 닫읍시
다. 날카로운 것은 무디게 하고, 분석하지 맙시다. 지나치게 밝
은 것은 누그러뜨리고, 자기를 낮춰 세상의 먼지 구덩이에서 함
께 뒹굽시다(和光同塵). 이렇게 서로 이해하고 받아들이는 것을
'현동玄同'이라고 합니다.

이런 현동玄同의 삶을 사는 사람은 누구를 더 가까이 두지도 않
고 소외시키지도 않습니다. 누구를 더 이롭게 하지도 않고 해치
지도 않습니다. 귀한 것도 없고 천한 것도 없습니다. 대립된 것

을 하나로 받아들이는 그를 하늘이 귀하게 여깁니다.

懂得道和德的人不会说全部, 到处说长论短的人不懂得生命的两面性. 闭上嘴, 念头之门一并关上吧.不去受道听途说的干扰. 解除心里头种种锐利的观念, 排除掉杂乱纷争的千头万绪, 让自己的心灵与自然之光相和谐, 让我们放低自己吧, 与大地尘土同在, 一同在尘堆里翻滚吧. 像这样相互理解和接纳一切的心, 叫"玄同."

过着玄同生活的人, 是和天道合一的, 不会和谁特别亲近, 也不会疏远谁, 谈不上对谁有利, 也不会伤害谁, 对他来说, 无贵的东西, 也无贱的东西. 把对立视为一体的他, 上天会特别宝贵他.

タオと徳を知っている人はすべてを話しません。話す人は人生の両面性のすべては知りません。

口を閉ざして、思いの門も閉じましょう。鋭いものは鈍らせて、分析しないましょう。明るすぎるのはやわらげ、自分を低めて、世界の塵の中で一緒に転げましょう(和光同塵)。こうお互いに理解し合って受け入れることを"玄同"と言います。

こんな玄同人生を生きる人は誰かを偏愛もせず、疎外もしません。誰かをもっと利することもなく、害することもありません。尊いこともなく、卑しいこともありません。対立したことを一つに受け入れる彼を天が尊いと思います。

57

以 正 治 國,
이 정 치 국
yǐ zhèng zhì gúo
い せい ち こく

以 奇 用 兵,
이 기 용 병
yǐ qí yòng bīng
い き よう へい

以 無 事 取 天 下.
이 무 사 취 천 하
yǐ wú shì qǔ tiān xià
い ぶ じ しゅ てん か

吾 何 以 知 其
오 하 이 지 기
wú hé yǐ zhī qí
ご か い ち き

然 哉? 以 此.
연 재 이 차
rán zāi yǐ cǐ
ぜん さい い し

天 下 多 忌 諱,
천 하 다 기 휘
tiān xià dūo jì hùi
てん か た き き

而 民 彌 貧.
이 민 미 빈
ér mín mí pín
じ みん び ひん

民 多 利 器,
민 다 리 기
mín dūo lì qì
みん た り き

國 家
국 가
gúo jiā
こく か

滋 昏.
자 혼
zī hūn
じ こん

人 多 伎 巧,
인 다 기 교
rén dūo jì qiǎo
じん た ぎ こう

奇 物 滋 起.
기 물 자 기
qí wù zī qǐ
き ぶつ じ き

法 令 滋 彰,
법 령 자 창
fǎ lìng zī zhāng
ほう れい じ しょう

盜 賊 多 有.
도 적 다 유
dào zéi dūo yǒu
どう ぞく た ゆう

故
고
gù
こ

聖 人 云,
성 인 운
shèng rén yún
せい じん うん

我 無 爲 而 民 自 化,
아 무 위 이 민 자 화
wǒ wú wéi ér mín zì huà
が む い じ みん じ か

我 好 靜 而 民 自 正,
아 호 정 이 민 자 정
wǒ hǎo jìng ér mín zì zhèng
が こう せい じ みん じ せい

我 無 事
아 무 사
wǒ wú shì
が む じ

而 民 自 富,
이 민 자 부
ér mín zì fù
じ みん じ ふう

我 無 欲 而 民 自 樸.
아 무 욕 이 민 자 박
wǒ wú yù ér mín zì pǔ
が む よく じ みん じ はく

나라는 올바른 정치(正)로 다스리고, 군대를 움직여 전쟁을 할 때는 기묘한 전술(奇)을 사용합니다. 그러나, 천하를 하나로 모으고자 하면 정치와 전술(正/奇)로는 안 됩니다(無事).

저는 이렇게 생각합니다. 올바른 사회를 만들고 싶어서 금기(禁忌)를 많이 두면 백성은 가난해지고 등을 돌리게 됩니다. 사람들이 문명의 이기를 지나치게 많이 쓰면 나라가 혼란해질 수 있습니다. 사람들이 영리해지면 이상한 걸 만들기 시작합니다. 잘못되는 원인은 고치지 않고 법을 규정대로 엄격하게 적용하면 도둑만 늘어납니다.

그래서 성인의 마음을 가진 지도자는 무위無爲, 무사無事, 무욕無慾의 마음을 가져, 사람들이 자율적인 삶을 살게 하고(自化), 올바른 것을 스스로 결정하게 하고(自正), 금기에 구애받지 않고 자기 사업을 스스로 일으키게 하고(自富), 소박한 삶을 즐기게 합니다(自樸).

以正道治理国家, 以奇巧战术用兵打仗. 以不干扰人民而治理天下.

我为何如此想呢, 根据在于—— 如果为了构建正直的社会, 而设置诸多教条, 百姓就会变得更加贫穷, 背离社会. 人们用太多文明的利器的话, 世界就可能会变得混乱. 人们变得智巧之后, 就开始制造邪怪的东西. 不去修正错误的源头, 而只是依法办事, 只会使小偷增加.

所以拥有圣人之心的领导人是这样的—— 保持无为, 无事, 无欲, 让人们过上自律的生活(自化), 让人们自己决定正确的事情(自正), 不设禁忌, 让他们的事业自行发展(自富), 从而人人享受朴素的好生活(自朴).

国は'正しい'政治で治め、軍隊を動かして戦争をする時は'奇妙な'戦術を使用します。しかし、天下を一つにしようとすれば、政治と戦術(正/奇)ではできません(無事)。

私はこう思います。正しい社会を作りたがって禁忌をたくさん置けば、民は貧しく

なり背を向けることになります。人が文明の利器を使いすぎると、国が混乱することがあります。人々が賢くなったら変なものを作り始めます。間違った原因は改めず、法を規定通り厳格に適用すれば、泥棒ばかりが増えます。

それで聖人の心を持った指導者は無為、無用、無欲の心を持って人々が自律的な生き方をさせ(自化)正しいものを自分で決めさせて(自正)禁忌にこだわらずに自分の事業を自ら起こさせて(自富)素朴な暮らしを楽しませてくれます(自朴)。

58

其 政 悶 悶,　其 民 淳 淳.　其 政 察 察,　其 民 缺 缺.　禍
기 정 민 민　기 민 순 순　기 정 찰 찰　기 민 결 결　화
qí zhèng mèn mèn　qí mín chún chún　qí zhèng chá chá　qí mín quē quē　huò
き せい もん もん　き みん じゅん じゅん　き せい さつ さつ　き みん けつ けつ　か

兮 福 之 所 倚.　福 兮 禍 之 所 伏.　孰 知 其 極?　其 無 正.　正
혜 복 지 소 의　복 혜 화 지 소 복　숙 지 기 극　기 무 정　정
xī fú zhī suǒ yǐ　fú xī huò zhī suǒ fú　shú zhī qí jí　qí wú zhèng　zhèng
けい ふく し し しょ きい　ふく けい か し し しょ ふく　じゅく ち き きょく　き む せい　せい

復 爲 奇,　善 復 爲 妖.　人 之 迷,　其 日 固 久.　是 以 聖 人 方
복 위 기　선 복 위 요　인 지 미　기 일 고 구　시 이 성 인 방
fù wéi qí　shàn fù wéi yāo　rén zhī mí　qí rì gù jiǔ　shì yǐ shèng rén fāng
ふく い き　ぜん ふく い よう　じん し めい　き じつ こ きゅう　ぜ い せい じん ほう

而 不 割,　廉 而 不 劌,　直 而 不 肆,　光 而 不 燿.
이 불 할　염 이 불 귀　직 이 불 사　광 이 불 요
ér bù gē　lián ér bù guì　zhí ér bù sì　guāng ér bù yào
じ ふ かつ　れん じ ふ けい　ちょく じ ふ し　こう じ ふ よう

정부가 조금 어눌하면 국민들은 순순해지고, 지나치게 꼼꼼하면 국민들은 교활해집니다. 화에는 복이 기대고 있고, 복에는 화가 숨어 있습니다. 누가 그 끝을 알겠습니까? 정해진 것은 없습니다. 바른 것이 이상한 것이 되고, 좋은 것이 나쁜 것이 됩니다. 우리가 얼마나 오랫동안 이렇게 길을 잃고 미련하게 살았는지 모릅니다.

그래서 성인의 마음을 가진 지도자는 자신이 곧더라도 그것을 가지고 다른 사람을 잘라서 자기에게 맞추라고 하지 않습니다. 예리하지만 상대의 약점을 찌르지 않고, 솔직하지만 상황을 잘

읽어 자기 멋대로 말하지 않습니다. 빛나지만 눈부셔서 눈을 못 뜰 정도로 하지는 않습니다.

如果政府稍稍疏懒, 国民就变得淳朴忠直. 政府工作过于精细的话, 国民就会变得狡黠钻营. 福依靠着祸, 祸潜藏在福中, 如此福祸合为一体, 谁能辨别什么是真正之祸福呢? 所以世上的事是没有定数的. 走正道的人突然追求奇门捷径, 善人一下子转变为妖孽, 人们从中迷惑已经很久了.

所以, 有圣人之心的领导人, 保持着自己的方正, 但不会以此为标准去强求别人, 即使自己的观点是犀利正确的, 也不会以此去捅穿别人, 心里面率直也要看看当下是什么情况, 不会率性地言谈, 内外皆光彩夺目, 又不至于让别人感到刺眼.

政府が少し訥弁だと国民は素直になるが、几帳面過ぎると国民は狡猾になります。禍には福が凭れていて、福には禍が隠れています。誰かその終りを分かりますか。決まったことはありません。正しいことがおかしなことになり、いいことが悪いことになります。私たちがどれだけ長くこんなに道に迷って、愚かに暮らしてきたのかわかりません。

それで聖人の心を持った指導者は自分がまっすぐだとしても、それを持って他の人を切って自分に合わせるように言いません。鋭利ながら相手の弱点を突かず正直だが状況をよく読んで自分勝手に言いません。輝いても眩しくて目が開けられないほどではありません。

XIII

治人事天莫若嗇

59장~61장

———————————————

아끼는 마음

珍惜的心

大切にする心

治人事天莫若嗇. 　夫唯嗇, 　是謂早服. 　早服, 　謂之重
치 인 사 천 막 약 색　부 유 색　시 위 조 복　조 복　위 지 중
zhì rén shì tiān mò rùo sè　fū wéi sè　shì wèi zǎo fú　zǎo fú　wèi zhī zhòng
ち じん じ てん も にゃくしょく　ふ ゆいしょく　ぜ い そうふく　そうふく　い し じゅう

積德. 　重積德, 　則無不克. 　無不克, 　則莫知其極. 　莫知
적 덕　중 적 덕　즉 무 불 극　무 불 극　즉 막 지 기 극　막 지
jī dé　zhòng jī dé　zé wú bù kè　wú bù kè　zé mò zhī qí jí　mò zhī
せき とく　じゅう せき とく　そく む ふ こく　む ふ こく　そく も ち き きょく　も ち

其極, 　可以有國. 　有國之母, 　可以長久. 　是謂深根固
기 극　가 이 유 국　유 국 지 모　가 이 장 구　시 위 심 근 고
qí jí　kě yǐ yǒu gúo　yǒu gúo zhī mǔ　kě yǐ cháng jiǔ　shì wèi shēn gēn gù
き きょく　か い ゆうこく　ゆうこく し ぼ　か い ちょうきゅう　ぜ い しん こん こ

柢, 　長 生 久 視 之 道.
저　장 생 구 시 지 도
dǐ　cháng shēng jiǔ shì zhī dào
てい　ちょう せい きゅうし し どう

하늘과 사람을 모시는 데 아끼는 마음(嗇)만 한 게 없습니다. 아
끼고 사랑한다는 것은 도를 따른다는 뜻입니다. 이렇게 도를 따
라가면 공덕이 쌓여 갑니다. 공덕이 쌓이면 한계를 넘어서게 됩
니다. 이런 사람은 얼마나 많은 일을 할 수 있을지 모릅니다. 그
는 나라를 다스릴 수도 있습니다. 그의 나라는 한울 어머니를 모
시기에 오래갈 수 있습니다. 세상 만물을 아끼고 사랑하는 한울
어머니의 마음을 가지면 뿌리가 깊어지고 단단해집니다. 오래
이어지고 영원합니다(長生久視之道).

侍奉上天和人, 没有比珍惜的心更好的了. 一个人会珍惜珍重, 就是早些按天道行事. 这样循道而行, 功德会逐渐积累沉淀, 功德愈来愈深厚, 终有一天超越了极限, 达到了深不可测, 莫知底限的厚德的深度, 这样的人, 可以做无限的事业, 他可以管理国家. 他的国度长久地侍奉着道的母亲, 拥有爱惜万物的母亲的心, 这个国家会根深叶茂, 基业恒固, 永续地存在下去.

天と人に仕えるのはに大切にする心が何より重要です。仕えるし、愛するということは、道(タオ)に従うという意味です。このようにタオに沿って行くと、功徳を積んでいきます。功徳を積むと限界を超えるようになります。こんな人はどれだけ多くの仕事ができるかわかりません。彼は国を治めることもできます。彼の国はタオの母親に仕えるので長く行くことができます。世の中の万物を大事にし、愛する万物の母親の心を持てば、根が深くなり硬くなります(長生久視之道)。

60

治 大 國,　　若 烹 小 鮮.　　以 道 莅 天 下,　　其 鬼 不 神.　　非 其
치 대 국　　약 팽 소 선　　이 도 리 천 하　　기 귀 불 신　　비 기
zhì dà guó　　ruò pēng xiǎo xiān　　yǐ dào lì tiān xià　　qí guǐ bù shén　　fēi qí
ち たい こく　　にゃく ほう しょう せん　　い どう り てん か　　き き ふ しん　　ひ き

鬼 不 神,　　其 神 不 傷 人.　　非 其 神 不 傷 人,　　聖 人 亦 不
귀 불 신　　기 신 불 상 인　　비 기 신 불 상 인　　성 인 역 불
guǐ bù shén　　qí shén bù shāng rén　　fēi qí shén bù shāng rén　　shèng rén yì bù
き ふ しん　　き しん ふ しょう じん　　ひ き しん ふ しょう じん　　せい じん えき ふ

傷 人.　　夫 兩 不 相 傷,　　故 德 交 歸 焉.
상 인　　부 량 불 상 상　　고 덕 교 귀 언
shāng rén　　fū liǎng bù xiàng shāng　　gù dé jiāo guī yān
しょう じん　　ふ りょう ふ そう しょう　　こ とく こう き えん

나라를 다스릴 때는 작은 생선을 굽는 것처럼 자주 손대지 말아
야 합니다. 도道 위에 서 있으면 귀신도 손대지 않습니다. 귀신이
힘이 없는 게 아니라 사람이 다치는 쪽으로 힘을 쓰지 않기 때문
입니다. 귀신도 손대지 않는데, 성인의 마음을 가진 왕이 왜 사람
을 건드립니까? 귀신도 왕도 국민을 손대지 않으면 덕德이 모든
사람에게 돌아가지 않겠습니까?

治理国家的时候, 像烹煮小海鲜一样, 不要经常翻动它. 以道来管理天下, 连鬼神
都安其所在, 不出来扰乱人世, 不是因为鬼神丧失了神通而伤害不了人, 是鬼神
不往伤人的方向去用力. 不但鬼神如此, 圣人也是如此, 不出来扰乱世人. 这样,
人人都享受着恩德, 人人归于道.

国を治める時は、小さな魚を焼くように頻りに手を出してはいけません。道(タオ)の上に立っていると鬼神も触れないです。鬼が力が足りないわけではなく、人にけがをするほうに力を使っていないからです。鬼をも触らないのに、聖人の心を持った王がなぜ人に触れるものですか。鬼神も王も国民を弄ばなければ、徳がすべての人に及ばないでしょうか。

61

大國者下流, 天下之交. 天下之牝. 牝常以靜勝牡,
대 국 자 하 류 / 천 하 지 교 / 천 하 지 빈 / 빈 상 이 정 승 모
dà guó zhě xià liú / tiān xià zhī jiāo / tiān xià zhī pìn / pìn cháng yǐ jìng shēng mǔ
たい こく しゃ か りゅう / てん か し こう / てん か し ひん / ひん じょう い せい しょう ひん

以靜爲下. 故大國以下小國, 則取小國. 小國以下大
이 정 위 하 / 고 대 국 이 하 소 국 / 즉 취 소 국 / 소 국 이 하 대
yǐ jìng wéi xià / gù dà guó yǐ xià xiǎo guó / zé qǔ xiǎo guó / xiǎo guó yǐ xià dà
い せい い か / こ たい こく い か しょうこく / そく しゅ しょう こく / しょう こく い か たい

國, 則取大國. 故或下以取, 或下而取. 大國不過欲兼
국 / 즉 취 대 국 / 고 혹 하 이 취 / 혹 하 이 취 / 대 국 불 과 욕 겸
guó / zé qǔ dà guó / gù hùo xià yǐ qǔ / hùo xià ér qǔ / dà guó bù gùo yù jiān
こく / そく しゅ たい こく / こ わく かい し しゅ / わく か じ しゅ / たい こく ふ か よく けん

畜人, 小國不過欲入事人. 夫兩者各得其所欲, 大者
축 인 / 소 국 불 과 욕 입 사 인 / 부 양 자 각 득 기 소 욕 / 대 자
xù rén / xiǎo guó bù gùo yù rù shì rén / fū liǎng zhě gè dé qí sǔo yù / dà zhě
ちく じん / しょう こく ふ か よく にゅう じ じん / ふ りょう しゃ かく とく き しょ よく / だい じゃ

宜爲下.
의 위 하
yí wéi xià
ぎ い か

큰 나라는 아래로 흘러 낮은 자리에서 여러 나라와 만나야 합니
다. 이것은 어머니(牝)의 정치입니다. 여성성은 지배하는 남성성
(牡)보다 고요합니다. 그 고요함이 아래로 흐르게 합니다.

큰 나라가 작은 나라의 아래에 자리 잡으면 작은 나라 사람들의
마음을 얻을 수 있습니다. 작은 나라도 기꺼이 큰 나라의 아래에
서 큰 나라 사람들과 어울리고 싶어집니다. 서로가 서로에게 낮
추기에 서로가 서로를 얻게 됩니다. 큰 나라가 욕심 없이 어려움

을 겪는 작은 나라를 보살피고자 하고, 작은 나라도 욕심 없이 큰 나라의 사업을 함께하려고 하면 양쪽이 서로 원하는 것을 얻을 수 있습니다. 중요한 것은 누가 먼저 아래로 가느냐는 것입니다. 큰 나라가 먼저 아래로 흘러야 되지 않겠습니까?

大国如水向下流动, 在低处与许多国家交流. 这是使用母亲之心(牝)的政治. 女性力(牝)比支配型的男性力(牡)更为宁静, 这种宁静使得她向下流淌.

大国以谦下的态度对待小国的话, 就能赢得小国人民的人心. 小国也乐意对大国谦下, 得到大国人民的信任. 也就是, 国家无论大小, 只要彼此都放低了自己, 也才能相互兼容. 大国不过是为了服务更多人类, 小国不过是为了让自己的国民有事可为, 这两者都实现了共同的理想. 重要的是谁先往下走, 大国应该先往下流.

大国は下に流れ、低い席で色んな国と会わなければなりません。これは母親 (牝) みたいに抱きしめる政治です。女性性は支配する男性性(牡)より静かです。その静けさが下に流れるようにします。大きな国が小さな国の下に定着すれば、小さな国の人々の心が得られます。小さな国も喜んで大国の下で大国の人々と交わりたくなります。お互いがお互いのために自分を低めるために、お互いがお互いを得ることになります。大きな国が欲張らずに、困っている小さな国を見守って、そして小さな国でも欲張らずに大きい国の事業を共にすることができれば、双方が互いに望む

ことが叶います。重要なことは誰が先に下に行くのかということです。大きい国が先に下に流れるべきではありませんか。

XIV
天下難事, 必作於易
62장~64장

천리길도 한 걸음부터

千里行程, 是一步一步邁出來的.

千里の道も一歩から

道者, 萬物之奧, 善人之寶, 不善人之所保. 美言可
도 자　만 물 지 오　선 인 지 보　불 선 인 지 소 보　미 언 가
dào zhě　wàn wù zhī ào　shàn rén zhī bǎo　bù shàn rén zhī suǒ bǎo　měi yán kě
どう しゃ　ばんぶつ し おう　ぜん にん し ほう　ふ ぜん にん し しょ ほ　び げん か

以市, 尊行可以加人. 人之不善, 何棄之有? 故立天
이 시　존 행 가 이 가 인　인 지 불 선　하 기 지 유　고 입 천
yǐ shì　zūn xíng kě yǐ jiā rén　rén zhī bù shàn　hé qì zhī yǒu　gù lì tiān
い し　そん こう か い か じん　じん し ふ ぜん　か き し ゆう　こ りつ てん

下, 置三公. 雖有拱璧以先駟馬, 不如坐進此道. 古
하　치 삼 공　수 유 공 벽 이 선 사 마　불 여 좌 진 차 도　고
xià　zhì sān gōng　suī yǒu gǒng bì yǐ xiān sì mǎ　bù rú zuò jìn cǐ dào　gǔ
か　ち さん こう　すい ゆう きょう へき い せん し ば　ふ じょ ざ しん し どう　こ

之所以貴此道者何? 不日, 以求得, 有罪以免邪? 故
지 소 이 귀 차 도 자 하　불 왈　이 구 득　유 죄 이 면 사　고
zhī suǒ yǐ guì cǐ dào zhě hé　bù yuē　yǐ qiú dé　yǒu zuì yǐ miǎn xié　gù
し しょ い き し どう しゃ か　ふ えつ　い きゆう とく　ゆう ざい い めん じゃ　こ

爲天下貴.
위 천 하 귀
wéi tiān xià guì
い てん か き

도는 만물이 모여드는 가장 깊은 곳에 있습니다. 좋은 사람이나 그렇지 않은 사람에게나 도는 보물이고 보호해 주는 은신처입니다. 번지르르하게 말하는 사람도 시장에서는 필요하고, 권위적으로 형식을 따지는 사람도 어떤 사람들에게는 영향을 줄 수 있습니다. 단순히 그가 착하지 않다는 것만으로 버릴 수 있겠습니까? 천자가 즉위하고, 높은 벼슬의 삼정승(三公)을 임명할 때, 네 마리 말이 끄는 수레에 실어 아름다운 벽옥碧玉을 바치는 예식을

하는 것보다 이 도를 무릎 꿇고 바치는 것이 낫습니다.

옛날부터 도를 왜 이렇게 귀히 여겼겠습니까? '도는 구하면 얻고, 죄가 있더라도 도가 있으면 사면받는다.'고 말하지 않던가요? 좋고 나쁜 것을 다 품어 안기에 도가 귀해진 것입니다.

道隐藏在万物最幽深的地方. 对善人或不善人来说, 道都是宝物, 是荫庇万物之所. 油嘴滑舌的人, 是交易买卖的场合需要的. 行为讲究威仪, 注重形式的人, 也可给他人带来影响. 纵然他是不善的, 道也不会遗弃他.

在天子即位, 设置三公的时候, 虽然有拱壁在先驷马在后的献礼仪式还不如跪下把这个"道"进献给他们.

为何自古以来, 人们把道视为如此珍贵的东西, 不正是由于求它庇护一定可以得到满足吗, 犯了罪过, 也可得到它的宽恕吗? 正是道把好坏都拥抱在怀中, 天下人才如此珍视道.

道(タオ)は万物が集まってくる最も深いところにあります。良い人であれそうでもない人であれ、タオは宝物であり、保護してくれる隠れ家です。言葉を麗麗とならべる人も市場では必要で、権威的に形式を論じる人も、ある人には影響を与え得ます。単純に彼が優しくないというだけで捨てることができますか。

天子が即位し、高い官位を三公に任命するとき四頭の馬が引く車に乗せて美しい碧玉を捧げる儀式をすることより、跪いてこのタオを捧げるのが良いです。昔から

タオをどうしてこんなに大事にしたのでしょうか。タオは求めれば得る、罪があっても、タオがあれば恩赦を受ける、と言いませんでしたか。善し悪しを全部抱き上げるので、タオが貴重になりました。

63

爲無爲, 事無事, 味無味. 大小多少, 報怨以德. 圖
위무위 사무사 미무미 대소다소 보원이덕 도
wéi wú wéi shì wú shì wèi wú wèi dà xiǎo duō shǎo bào yuàn yǐ dé tú
いむい じぶじ みむみ だいしょうたしょう ほうえんいとく と

難於其易, 爲大於其細. 天下難事, 必作於易, 天下大
난어기이 위대어기세 천하난사 필작어이 천하대
nán yú qí yì wéi dà yú qí xì tiān xià nán shì bì zuò yú yì tiān xià dà
なんおきい いだいおきさい てんかなんじ ひっさくおい てんかだい

事, 必作於細. 是以聖人終不爲大. 故能成其大.
사 필작어세 시이성인종불위대 고능성기대
shì bì zuò yú xì shì yǐ shèng rén zhōng bù wéi dà gù néng chéng qí dà
じ ひっさくおさい ぜいせいじんしゅうふいだい このうせいきだい

夫輕諾必寡信, 多易必多難. 是以聖人猶難之, 故
부경낙필과신 다이필다난 시이성인유난지 고
fū qīng nuò bì guǎ xìn duō yì bì duō nán shì yǐ shèng rén yóu nán zhī gù
ふけいだくひつかしん たいひつたなん ぜいせいじんゆうなんし こ

終無難矣.
종무난의
zhōng wú nán yǐ
しゅうむなんい

애써서 이루려 하지 않아도 이룰 수 있고, 힘써 일하지 않아도 됩니다. 아무 맛도 없는 것 같지만 깊은 맛을 느낄 수 있고, 작고 적지만 크고 많아질 수 있습니다. 원망을 받을 일도 작은 친절로 갚을 수 있습니다.

어려운 일은 쉬울 때 시도해 볼 수 있고, 작은 데서 큰일을 만들어 낼 수 있습니다. 아무리 어려운 일도 쉬운 데서 시작하고, 아무리 큰일도 작은 데서 시작하기 때문입니다.

성인은 처음부터 끝까지 큰일을 하겠다는 생각이 없지만 결국 엄청난 일이 이루어집니다. 그러나, 무슨 일이든 쉽게 생각하면 신뢰를 잃습니다. 작은 일이라고 쉽게 보면 점점 더 어려워집니다. 성인은 무슨 일이든 신중하게 다루어서 결국 어렵지 않게 됩니다.

不费力也能有所成就, 以平淡无事来处理事情, 表面索然无味, 实际能品到幽深的味道. 又小又少, 可以变得又大又多. 积下怨结之后也可以用小小的亲切来回报.

困难的事情, 在比较容易的时候就开始尝试. 在细微之处, 可以成就大事. 是因为再难的事业也是从简易做起, 再大的事情也从细微处着手.

所以, 圣人自始而终没做什么大事, 却成就伟大事业. 但是, 把事情想得太简单, 轻易许诺就会失去信任, 总把事情看得太容易, 势必遭受很多困难. 所以圣人无论什么事都慎重对待, 最终无难成之事.

何かを努力しなくてもなるようになるし、頑張って働かなくても大丈夫です。なんの味もないようだが深い味がして、小さくて少ないが、大きくて多くなる可能性があります。恨みを受けることも小さな親切で返すことができます。

難しい仕事は易しい時に試みることができるし、小さいところで大きな仕事を作り出すことができます。どんなに難しい仕事も易しいから始めどんなに大きな事でも小さなことから始まるからです。

聖人は最初から最後まで大きなことをするつもりはありませんが、結局素晴らしいことが起こります。しかし、何事でもあまりにも易しく考えると信頼を失います。小さな事だと易しく見るとますます難しくなります。聖人はどんなことでも慎重に扱って結局難しくなりません。

64

其安易持, 其未兆易謀. 其脆易泮, 其微易散. 爲
기 안 이 지, 기 미 조 이 모. 기 취 이 반, 기 미 이 산. 위
qí ān yì chí, qí wèi zhào yì móu. qí cuì yì pàn, qí wēi yì sǎn. wéi
き あん い じ, き み ちょう い ぼう, き ぜい い はん, き び い さん, い

之於未有, 治之於未亂. 合抱之木, 生於毫末, 九
지 어 미 유, 치 지 어 미 란. 합 포 지 목, 생 어 호 말, 구
zhī yú wèi yǒu, zhì zhī yú wèi luàn. hé bào zhī mù, shēng yú háo mò, jiǔ
し お み ゆう, ち し お み らん, ごう ほう し もく, せい お ごう まつ, きゅう

層 之臺, 起於累土, 千里之行, 始於足下. 爲者敗
층 지 대, 기 어 누 토, 천 리 지 행, 시 어 족 하. 위 자 패
céng zhī tái, qǐ yú lèi tǔ, qiān lǐ zhī xíng, shǐ yú zú xià. wéi zhě bài
そう し だい, き おる いど, せん り し こう, し お そつ か, い しゃ はい

之, 執者失之. 是以聖人無爲, 故無敗. 無執, 故無失.
지, 집 자 실 지. 시 이 성 인 무 위, 고 무 패. 무 집, 고 무 실.
zhī, zhí zhě shī zhī. shì yǐ shèng rén wú wéi, gù wú bài. wú zhí, gù wú shī.
し, しつ しゃ しつ し, ぜい せい じん む い, こ む はい, む しつ, こ む しつ

民之從事, 常於幾成而敗之. 愼終如始, 則無敗
민 지 종 사, 상 어 기 성 이 패 지. 신 종 여 시, 즉 무 패
mín zhī cóng shì, cháng yú jī chéng ér bài zhī. shèn zhōng rú shǐ, zé wú bài
みん し じゅう じ, じょう お き せい じ はい し, しん しゅう にょ し, そく む はい

事. 是以聖人欲不欲, 不貴難得之貨. 學不學, 復 衆
사. 시 이 성 인 욕 불 욕, 불 귀 난 득 지 화. 학 불 학, 복 중
shì. shì yǐ shèng rén yù bù yù, bù guì nán dé zhī huò. xué bù xué, fù zhòng
じ, ぜい せい じん よく ふ よく, ふ き なん とく し か, がく ふ がく, ふく しゅう

人之所過. 以輔萬物之自然, 而不敢爲.
인 지 소 과. 이 보 만 물 지 자 연, 이 불 감 위.
rén zhī suǒ guò. yǐ fú wàn wù zhī zì rán, ér bù gǎn wéi.
じん し しょ か, い は ばんぶつ し しぜん, じ ふ かん い

안정되면 유지하기 쉽고, 조짐이 아직 보이지 않을 때 일을 시작
하면 기획하기 쉽습니다. 아직 단단해지지 않은 것은 녹이기 쉽
고, 미세한 것은 흩어 버리기 쉽습니다.

모습이 드러나기 전에 일을 시작하고, 혼란해지기 전에 문제를 풀 줄 알아야 합니다. 한아름이나 되는 큰 나무도 솜털 같은 씨앗에서 시작하고, 구층 높은 누각도 한 줌 흙에서 올라가고, 천릿길도 한 걸음부터입니다.

잘해 보려고 해도 안 되고, 잡으려고 해도 놓칩니다. 성인은 그런 의도가 없기 때문에 실패하지 않습니다. 사람들은 일을 할 때 거의 다 해 놓고, 실패합니다. 첫 마음을 끝까지 지키면 성공할 수 있습니다.

성인은 성공하고자 하는 것이 욕망이 되지 않기를 간절히 기도합니다. 구하기 어려운 보물을 귀한 것으로 보지 않기를 기도합니다. 공부하더라도 배운 것으로 인해 굳어지지 않기를 기도합니다. 성인은 사람들이 지나왔던 곳으로 돌아가서 만물의 자연스런 본성이 회복되도록 돕습니다. 그러나, 이런 일을 나서서 하지는 않습니다.

当局面处于安定状态之时, 是容易持守维护的. 在事态还看不到征兆的时候就开始切入, 是容易企划的. 事物在没有变得坚硬之前, 易被消融, 在它细微的阶段, 容易消散.

因此, 就要在事情未发生之前开始着手, 在混乱之前, 就做好了准备把问题解决掉. 合抱的大树, 是从细如针毫长起来的, 九层高台, 是一筐土一筐土堆起来的, 千里行程, 是一步一步迈出来的.

人为努力的, 必会失败; 人为抓取的, 必会逃脱. 所以圣人自然行事, 不会失败, 心中也不存成败之见, 因此不会遭受损失. 世人行事, 往往是即将成功就告失败, 倘若到了最后一刻还能如开始一样慎重, 就不会失败.

圣人切切地祈祷, 希望他的行径不成为一种欲望, 圣人祈祷, 不要把难求的宝物当成是贵重的东西, 圣人在学习时, 也祈祷不要因其所学而变得固化. 圣人会从人们走过的路道那里返回, 从而帮助恢复万物的自然本性, 但是, 他不会因此就自认为是有所作为.

安定すると維持しやすく、兆しがまだ見えない時に仕事を始めると企画しやすいです。まだ固くなっていないものは溶けやすいし、微細なものは散らかりやすいです。姿が現れる前に仕事を始めて、混乱する前に問題を解くことができなければなりません。一抱えもある大木も綿毛のような種から始めて、九重の高い楼も一握り土から積み上げられ、千里の道も一歩からです。

うまくやってみようと思っても駄目だし、捕まえようとしても逃がします。聖人はそんな意図がないので失敗しません。人々は仕事をする時、ほとんど来たなのに駄目です。初心を最後まで守れば成功できます。

聖人は成功しようとすることが欲望にならないことを切に祈ります。得難い宝物を貴重だと思わないことを祈ります。学んでも学んだことによって固まらないように祈ります。聖人は人が通ってきたところに帰って、万物の自然な本性が回復するように助けます。しかし、こんなことを前面に示す行動しません。

XV
不敢爲天下先
65장~67장

앞에 나서지 않는 마음

一颗什么也不争的心

前に出ない心

古 之 善 爲 道 者,　非 以 明 民,　將 以 愚 之.　民 之 難 治,
고　지　선　위　도　자　　비　이　명　민　　장　이　우　지　　민　지　난　치
gǔ zhī shàn wéi dào zhě　fēi yǐ míng mín　jiāng yǐ yú zhī　mín zhī nán zhì
こ し ぜん い どう しゃ　ひ い めい みん　しょう い ぐ し　みん し なん ち

以 其 智 多.　故 以 智 治 國,　國 之 賊,　不 以 智 治 國,　國 之
이　기　지　다　　고　이　지　치　국　　국　지　적　　불　이　지　치　국　　국　지
yǐ qí zhì dūo　gù yǐ zhì zhì gúo　gúo zhī zéi　bù yǐ zhì zhì gúo　gúo zhī
い き ち た　こ い ち ち こく　こく し ぞく　ふ い ち ち こく　こく し

福.　知 此 兩 者,　亦 楷 式.　常 知 楷 式,　是 謂 玄 德.　玄 德,
복　　지　차　양　자　　역　해　식　　상　지　해　식　　시　위　현　덕　　현　덕
fú　zhī cǐ liǎng zhě　yì kǎi shì　cháng zhī kǎi shì　shì wèi xuán dé　xuán dé
ふく　ち し りょう しゃ　えき けい しき　じょう ち けい しき　ぜい い げん とく　げん とく

深 矣 遠 矣.　與 物 反 矣,　乃 至 於 大 順.
심　의　원　의　　여　물　반　의　　내　지　어　대　순
shēn yǐ yuǎn yǐ　yǔ wù fǎn yǐ　nǎi zhì yú dà shùn
しん い えん い　よ ぶつ はん い　だい し お たいじゅん

지혜로운 옛사람들은 사람들이 지나치게 잇속을 밝히지 않게 하
였습니다. 어쩌면 약간 어리석게 이끌었습니다. 사람들을 다스
리기 어려운 이유는 그들이 많이 알고 계산에 빠르기 때문입니
다. 명석하고 빠른 머리로 나라를 다스리는 것이 나라를 무너뜨
리는 적賊입니다. 머리가 아닌 마음으로 다스리는 것이 나라의
복福입니다.

지식을 쓸 때와 쓰지 않아야 할 때를 알면 기준이 잡힙니다. 이
기준을 때에 맞게 잘 적용하는 것을 '현덕玄德'이라고 합니다. 현
덕玄德의 마음을 가진 사람은 깊고 넓어서 어떤 경우에는 우리가

이해하는 사물의 본질과 반대로 생각하는 것 같습니다. 그러나, 그는 본질과 현상에 반反하거나 순응(順)하거나 하는 생각을 넘어선 '대순大順'에 이른 사람입니다.

善于为道的古人, 不会让人们变得过份精明, 而是引导人们稍微愚拙一些. 人们之所以难于统治, 乃是因为他们使用太多的智巧心机. 以智巧的头脑来治理国家必然会危害国家. 不用心机, 还是以一颗无为心去治理, 这才是国家的福气.
懂得何时运用和不用所知, 找到恰到好处的平衡点能够运用自如的人, 是有玄德的人. 他对事物所认识的深广程度甚至达到了与我们背道而驰的程度, 正是他是一个超越了顺逆二元表象的人, 是一个大顺的人.

知恵のある昔の人たちは、人が過度に利益を追及しませんでした。もしかしたらやや愚かに導きました。人を治めにくい理由は彼らがたくさん知って利に目聡いためです。明晰な頭で国を治めることが国を滅ぼす敵(賊)です。頭ではなく、心で治めるのが国の福です。
知識を使う時と使わない時が分かれば基準が決まります。この基準を時に合わせてよく適用することを"玄徳"といいます。玄徳の心を持っている人は深くて広くて、ある場合には私たちが理解する事物の本質とは逆に考えているようです。しかし、彼は本質と現象に反したり順応したりする考えを超えた"大順"に達した人です。

66

江 海 所 以 能 爲 百 谷 王 者,
강 해 소 이 능 위 백 곡 왕 자
jiāng hǎi suǒ yǐ néng wéi bǎi gǔ wáng zhě
こう かい しょ い のう い びゃく こく おう しゃ

以 其 善 下 之.
이 기 선 하 지
yǐ qí shàn xià zhī
い き ぜん か し

故 能 爲 百
고 능 위 백
gù néng wéi bǎi
こ のう い びゃく

谷 王.
곡 왕
gǔ wáng
こく おう

是 以 欲 上 民,
시 이 욕 상 민
shì yǐ yù shàng mín
ぜ い よく じょう みん

必 以 言 下 之.
필 이 언 하 지
bì yǐ yán xià zhī
ひつ い げん か し

欲 先 民,
욕 선 민
yù xiān mín
よく せん みん

必 以 身
필 이 신
bì yǐ shēn
ひつ い しん

後 之.
후 지
hòu zhī
ご し

是 以 聖 人 處 上 而 民 不 重,
시 이 성 인 처 상 이 민 부 중
shì yǐ shèng rén chǔ shàng ér mín bù zhòng
ぜ い せい じん しょ じょう じ みん ふ じゅう

處 前 而 民 不 害.
처 전 이 민 불 해
chǔ qián ér mín bù hài
しょ ぜん じ みん ふ がい

是 以 天 下 樂 推 而 不 厭.
시 이 천 하 낙 추 이 불 염
shì yǐ tiān xià lè tuī ér bù yàn
ぜ い てん か らく すい じ ふ えん

以 其 不 爭,
이 기 부 쟁
yǐ qí bù zhēng
い き ふ そう

故 天 下 莫 能 與 之
고 천 하 막 능 여 지
gù tiān xià mò néng yǔ zhī
こ てん か も のう よ し

爭.
쟁
zhēng
そう

강과 바다가 수많은 냇물의 왕이 되는 것은 기꺼이 아래로 흐르기 때문입니다. 아래로 흐를 수 있으면 왕이 됩니다. 지도자가 되고 싶으면 자기를 낮추세요. 앞에서 이끌어 가는 사람이 되고 싶으면 뒤에 서세요. 성인은 사람들의 위에 앉아 있어도 누구도 무겁다고 느끼지 않고, 앞에 서 있어도 방해받는다는 느낌이 없는 것은 성인이 이렇게 자기를 낮추기 때문입니다. 성인은 세상 사람들이 다 좋아하고, 싫어하지 않습니다. 그는 물처럼 아래로 흘러 누구와도 다투지 않아서 아무도 그와 겨루지 못합니다.

江海之所以成为天下川流归附之所, 是因为它甘愿往下流, 能往下流就成为百川之王. 因此, 想要当领导就要放低自己. 想成为引导的人, 就得往后站. 有道的人即使坐在上位, 谁也不会觉得沉重, 即使站在前面, 民众也没有感到被打扰. 世人都热心拥护圣人, 谁也不会讨厌他. 他像水一样往下流, 跟谁都不争, 所以谁也没办法和他争.

河と海が数多くの川の王様になるのは喜んで下に流れるからです。下に流れることができたら王になります。指導者になりたければ、自分を低めてください。前から率いる人になりたければ、後ろに立って下さい。聖人は人々の上に座っていても誰も重いと思わず、前にいても邪魔されるという感じがしません。なぜなら聖人がこのように自分を低めるからです。世の中のみんなは聖人が好きです。彼は水のように下に流れて誰とも争うとしないので誰も彼と競えません。

67

天 下 皆 謂 我 道 大 似 不 肖.　夫 唯 大,　故 似 不 肖.　若 肖,
천 하 개 위 아 도 대 사 불 초　부 유 대　고 사 불 초　약 초
tiān xià jiē wèi wǒ dào dà sì bù xiāo　fū wéi dà　gù sì bù xiāo　rùo xiāo
てん か かい い が どう だい じ ふ しょう　ふ ゆい だい　こ じ ふ しょう　にゃく しょう

久 矣 其 細 夫.　我 有 三 寶,　持 而 保 之.　一 曰 慈,　二 曰 儉,
구 의 기 세 부　아 유 삼 보　지 이 보 지　일 왈 자　이 왈 검
jiǔ yǐ qí xì fū　wǒ yǒu sān bǎo　chí ér bǎo zhī　yī yuē cí　èr yuē jiǎn
きゅう い き さい ふ　が ゆう さんぼう　じ じ ほう し　いち えつ じ　に えつ けん

三 曰 不 敢 爲 天 下 先.　慈 故 能 勇,　儉 故 能 廣,　不 敢 爲
삼 왈 불 감 위 천 하 선　자 고 능 용　검 고 능 광　불 감 위
sān yuē bù gǎn wéi tiān xià xiān　cí gù néng yǒng　jiǎn gù néng guǎng　bù gǎn wéi
さん えつ ふ かん い てん か せん　じ こ のう ゆう　けん こ のう こう　ふ かん い

天 下 先 故 能 成 器 長.　今 舍 慈 且 勇,　舍 儉 且 廣,　舍
천 하 선 고 능 성 기 장　금 사 자 차 용　사 검 차 광　사
tiān xià xiān gù néng chéng qì cháng　jīn shě cí qiě yǒng　shě jiǎn qiě guǎng　shě
てん か せん こ のう せい き ちょう　こん しゃ じ しょ ゆう　しゃ けん しょ こう　しゃ

後 且 先,　死 矣.　夫 慈 以 戰 則 勝,　以 守 則 固.　天 將 救
후 차 선　사 의　부 자 이 전 즉 승　이 수 즉 고　천 장 구
hòu qiě xiān　sǐ yǐ　fū cí yǐ zhàn zé shèng　yǐ shǒu zé gù　tiān jiāng jìu
ご しゃ せん　し い　ふ じ い せん そく しょう　い しゅ そく こ　てん しょう きゅう

之,　以 慈 衛 之.
지　이 자 위 지
zhī　yǐ cí wèi zhī
し　い じ えい し

사람들은 모두 나의 도道가 너무 크고 이상적이라서 내 말이 하

찮아 보인다고 합니다. 정말 큰 것은 그렇게 보일 수 있습니다.

만약 도道가 훌륭해 보이기까지 했으면 이미 작아졌을 겁니다.

나는 세 가지 보물을 가지고 있습니다. 첫 번째는 사랑(慈)입니

다. 두 번째는 단순 소박함(儉)입니다. 세 번째는 앞에 나서지 않

는 마음입니다. 사랑(慈)은 두려움을 넘어 용기를 가지고 행동하게 하고, 단순 소박한 삶은 넓게 마음을 쓸 수 있게 하고, 앞에 나서지 않기에 더 크게 담는 그릇이 됩니다. 이렇게 하지 않고, 사랑 없는 무모한 용기, 단순 소박한 삶이 없는 헤픈 나눔, 뒤에 설 줄 모르고 앞서고자 하는 성취 의지만 있으면 죽게 됩니다.

사랑(慈)은 적의 침략을 이겨 내게 하고, 우리 삶을 굳건하게 지켜 줍니다. 하늘도 누군가를 도울 때 사랑(慈)으로 돕습니다.

人人都觉得我的道太大, 太理想化了, 生活中拿不出什么相应的东西来证明. 正因为道很大, 所以不像某个具体事物, 如果道看起来很清楚, 那么实际上已经变小了.

我有三件宝物, 持守不渝—— 第一件是爱, 第二件是俭朴, 第三件是一颗什么也不争的心. 有了爱, 就能超越恐惧, 勇敢行动; 单纯朴素的生活可以使人心胸广阔; 不去争先恐后才能潜心砥炼, 默默成长为宏大之材. 而今天的人们, 缺乏爱心的盲目勇武, 不注重俭朴而去滥施恩惠, 不懂得退让, 不断逞强领先, 那么离死亡也就不远了.

慈爱的心, 能够战胜敌人的侵略, 坚定地守护我们的生活. 天要帮助某人时, 就用这一颗慈爱之心来保护他.

人はみんな私の道(タオ)があまりにも大きくて理想的だって、私の話が有り得ない

ように思えるようです。本当に大きいのはそう見えます。もしタオが立派にみえるだけならもう小さくなっているはずです。

私は三つの宝物を持っています。一つは愛(慈)です。二番目は単純素朴(倹)です。三つ目は前に出ない心です。愛(慈)は恐れを超えて勇気を持って行動するようにし、単純素朴な生き方は広く心を使うようにして、前に出ないため、さらに大きく盛る器になります。こうしないで、愛のない無謀な勇気、単純素朴な生き方のない、むやみに分け与え、後ろに立つことも知らずに勝とうとする成就の意志だけあれば死ぬことになります。

愛(慈)は敵の侵略を勝ち抜くようにして私たちの人生を堅固に守ってくれます。天も誰かを助ける時、愛(慈)で助けます。

XVI
不爭之德
68장~69장

비폭력 평화

非暴力和平

非暴力平和

68

善 爲 士 者 不 武,　善 戰 者 不 怒,　善 勝 敵 者 不 爭,　善
선 위 사 자 불 무　선 전 자 불 노　선 승 적 자 불 쟁　선
shàn wéi shì zhě bù wǔ　shàn zhàn zhě bù nù　shàn shèng dí zhě bù zhēng　shàn
ぜん い し しゃ ふ ぶ　ぜん せん しゃ ふ ぬ　ぜん しょう てき しゃ ふ そう　ぜん

用 人 者 爲 之 下.　是 謂 不 爭 之 德,　是 謂 用 人 之 力,　是
용 인 자 위 지 하　시 위 불 쟁 지 덕　시 위 용 인 지 력　시
yòng rén zhě wéi zhī xià　shì wèi bù zhēng zhī dé　shì wèi yòng rén zhī lì　shì
ようにん しゃ い し か　ぜい ふ そう し とく　ぜい ようにん し りょく　ぜ

謂 配 天,　古 之 極.
위 배 천　고 지 극
wèi pèi tiān　gǔ zhī jí
い はいてん　こ し きょく

선비는 무武를 앞세우지 않습니다. 싸움을 잘하는 고수高手는 쉽
게 화내지 않습니다. 적을 아는 사람은 맞붙지 않습니다. 사람들
이 마음으로 따르게 하려면 자기를 낮춰야 합니다. 이런 비폭력
적인 마음을 '부쟁지덕不爭之德'이라고 합니다.

이 마음을 가진 사람은 사람을 쓸 수 있고, 하늘과 발맞추어 걸을
수 있습니다. 지혜로운 사람들이 사용한 '오래된 삶의 정수(古之
極)'입니다.

善于带兵打仗的将领, 他不会先动用武力. 擅长博弈的高手, 不会轻易发怒. 懂得
敌人的人, 不会进行正面交锋. 想要人们以心相随, 就真的放低自己. 这种非暴力
的心, 被称为"不争之德"

有此心的人可以用人，智慧的人们懂得运用的正是"古老生活的精髓所在"

士人は武を前面に出してはいません。賭けに長じている人は容易く怒りません。敵を知っている人は立ち向かって戦いません。人が心から従うようにするには自分を低めなければなりません。このような非暴力的な心を"不争之徳"といいます。

この心を持った人は人を使うことができるし、天と歩調を揃えて歩くことができます。知恵のある人々が用いた"古い生の精髄(古之極)"です。

用 兵 有 言,　　吾 不 敢 爲 主 而 爲 客,　　不 敢 進 寸 而 退 尺.　　是
용 병 유 언　　오 불 감 위 주 이 위 객　　불 감 진 촌 이 퇴 척　　시
yòng bīng yǒu yán　wú bù gǎn wéi zhǔ ér wéi kè　bù gǎn jìn cùn ér tùi chǐ　shì
ようへい ゆう げん　ご ふ かん い しゅ じ い きゃく　ふ かん しん すん い た しゃく　ぜ

謂 行 無 行,　　攘 無 臂,　　扔 無 敵,　　執 無 兵.　　禍 莫 大 於 輕
위 행 무 행　　양 무 비　　잉 무 적　　집 무 병　　화 막 대 어 경
wèi xíng wú xíng　rǎng wú bì　rēng wú dí　zhí wú bīng　hùo mò dà yú qīng
い こう む こう　じょう む ひ　じょう む てき　しつ む へい　か も だい お けい

敵.　　輕 敵 幾 喪 吾 寶.　　故 抗 兵 相 加,　　哀 者 勝 矣.
적　　경 적 기 상 오 보　　고 항 병 상 가　　애 자 승 의
dí　qīng dí jǐ sàng wú bǎo　gù kàng bīng xiàng jiā　āi zhě shèng yǐ
てき　けい てき き そう ご ほう　こ こう へい そう か　あい しゃ しょう い

병서兵書에서는 이렇게 말합니다. "전쟁의 주인이 되지 말고 오는 걸 받는 손님이 되어라. 한 발 나아가기보다는 열 발을 물러나라." 전쟁에 대한 이런 방어적 자세를 '나아가지 않는 공격, 팔을 들어 올리지 않는 위협, 적이 없는 전투, 무기를 들지 않는 지킴'이라고 합니다.

적을 가볍게 여겨선 안 됩니다. 적을 가볍게 여기면 평화(보물)를 잃게 됩니다. 전쟁이 일어나 어쩔 수 없이 싸운다면, 슬픈 마음을 가진 사람, 물러서는 사람이 이깁니다. 그는 최소한의 희생으로 전쟁을 끝내기 때문입니다.

兵书如此说, "不要称为战争的主人, 要成为被动接受的客人. 与其往前进一步,

还不如后退十步." 这种对战争的防御姿态, 称之为——不发动的攻击; 不举起胳膊的威胁; 没有敌人的战斗; 不拿起武器的防守.

不可轻敌, 如果你轻视敌人, 就会失去和平这个宝物. 如果发生了战争, 不得已而应站的话, 你要知道, 拥有悲伤的心的人, 他们会赢.

兵書ではこう言います"戦争の主人にならず、来るのを受ける客になれ、一歩進むより十歩退け。"戦争に対するこのような防御的姿勢を"進まない攻撃、拳上げない脅威、敵のない戦闘、武器を持たない守り"と言います。

敵を軽く考えてはいけません。敵を軽く考えると平和(宝物)を失います。戦争が起って仕方なく争ったら悲しい心を持った人、退く人が勝ちます。彼は最小限の犠牲で戦争を終えるからです。

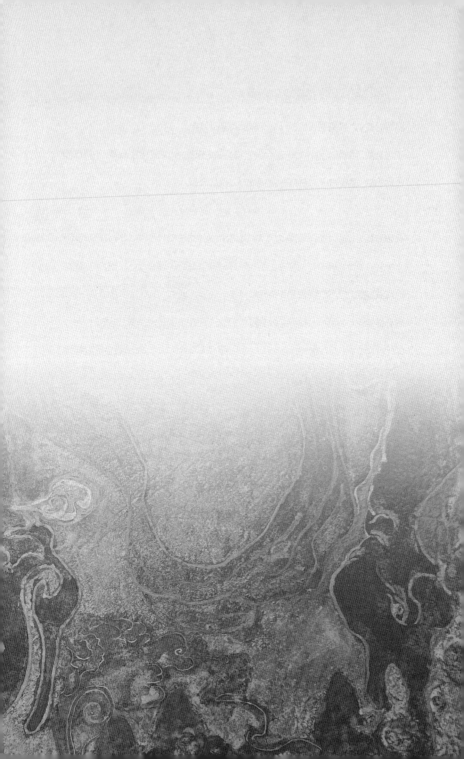

XVII
易知易行
70장~73장

내 말은 쉽다.

我的话真容易.

私の言葉は易しい.

吾 言 甚 易 知,　甚 易 行,　天 下 莫 能 知,　莫 能 行.　言 有
오 언 심 이 지　심 이 행　천 하 막 능 지　막 능 행　언 유
wú yán shèn yì zhī　shèn yì xíng　tiān xià mò néng zhī　mò néng xíng　yán yǒu
ご げん じん い ち　じん い こう　てん か も のうち　も のう こう　げん ゆう

宗,　事 有 君.　夫 唯 無 知,　是 以 不 我 知.　知 我 者 希,　則 我
종　사 유 군　부 유 무 지　시 이 불 아 지　지 아 자 희　즉 아
zōng　shì yǒu jūn　fū wéi wú zhī　shì yǐ bù wǒ zhī　zhī wǒ zhě xī　zé wǒ
そう　じ ゆうくん　ふ ゆい む ち　ぜ い ふ が ち　ち が しゃ き　そく が

者 貴.　是 以 聖 人 被 褐 懷 玉.
자 귀　시 이 성 인 피 갈 회 옥
zhě guì　shì yǐ shèng rén bèi hè huái yù
しゃ き　ぜ い せい じん ひ かつ かいぎょく

내 말은 정말 쉬워서 누구나 실천할 수 있습니다(易知易行). 그러
나, 아는 사람도 없고, 실천하는 사람도 없습니다.

무슨 말이든 말에는 말의 핵심이 있고, 일을 할 때는 일머리라는
것이 있습니다. 그걸 이해하지 못하면 쉽게 말해도 알아들을 수
없고 말꼬리에 잡혀 버립니다. 그래서 나를 아는 사람도 많지 않
고, 도를 따르는 사람도 귀합니다.

그래요. 어쩔 수 없어요. 성인의 마음을 가진 사람은 누더기 갈
옷 속에 옥玉을 품고 있어서(被褐懷玉) 그를 볼 수 있는 사람은
많지 않습니다. 사람들은 겉모습만 보고 말꼬리만 잡습니다.

我的话真容易, 谁都可以实践. 可是, 没有人懂得, 也没有人施行.

所有的言语都有其核心宗旨, 但凡事务也有其关键原理, 如果不能理解本质, 无论说什么, 是不会真正听懂的, 只是纠结在咬文嚼字的层面. 所以认识我的人不多, 能取法于我追随着道的人就更难能可贵了.

是的, 这是没办法的, 拥有圣人之心的人, 在破衣烂衫下面藏着玉, 能见到他的人不多.

私の言葉は本当に簡単なので、誰でも実践できます(易知易行)。しかし、分かってる人もいないし、実践する人もいません。

言葉の意味は何であれ、言葉の核心があり、仕事をする時は要領というものがあります。それを理解できなければ、簡単に言っても聞き取れず、言葉尻に捉われてしまいます。それで私を知っている人も多くなく、道(タオ)に従う人も貴重です。

そうです。仕方ありません。聖人の心を持っている人はぼろぼろの服の中に玉を含んでいて(被褐懐玉)彼を見ることができる人は多くありません。人々は見た目だけで言葉尻だけを捉えます。

71

知 不 知 上,　不 知 知 病.　夫 唯 病 病,　是 以 不 病.　聖 人
지 부 지 상　　부 지 지 병　　부 유 병 병　　시 이 불 병　　성 인
zhī bù zhī shàng　bù zhī zhī bìng　fū wéi bìng bìng　shì yǐ bù bìng　shèng rén
ち ふ ち じょう　ふ ち ち びょう　ふ ゆい びょう びょう　ぜ い ふ びょう　せい じん

不 病,　以 其 病 病,　是 以 不 病.
불 병　　이 기 병 병　　시 이 불 병
bù bìng　yǐ qí bìng bìng　shì yǐ bù bìng
ふ びょう　い き びょう びょう　ぜ い ふ びょう

'내가 다 아는 것이 아니라는 것'을 아는 사람은 건강하지만(知不
知), 모르면서도 안다고 말하는 사람은 병들었습니다(不知知). (그
는 자신이 모른다는 사실을 모릅니다: 不知不知) 내가 병들었다는 것을
알면 병이 아닙니다.

성인은 아프지 않습니다. 그는 병든 자신을 볼 수 있어서 병들지
않습니다.

知道自己"我所知并非全部"的人是健康的, 不知道自己已经被所知所误, 已经处
于病态. 直到有一天, 自己深明自己生了这种病, 才能去除此病.

圣人是不会生病的, 因为他能看破这种病, 所以他是不会被病魔控制的.

"私が全てを知っているわけだはないことを知っている人は健康ですが(知不知)、

知らないけど知っていると言う人は病気になったのです(不知知)。{彼は自分が知らな

いという事実を知りません:不知不知)自分が病気になったことを知れば病気ではあり

ません。

聖人は病気ではありません。彼は病気になった自分を見ることができ、病気にはし

ません。

72

民 不 畏 威,　　則 大 威 至.　　無 狹 其 所 居,　　無 厭 其 所 生.　　夫
mín bù wèi wēi　　zé dà wēi zhì　　wú xiá qí suǒ jū　　wú yā(yàn) qí suǒ shēng　　fū

唯 不 厭,　　是 以 不 厭.　　是 以 聖 人 自 知 不 自 見,　　自 愛 不 自
wéi bù yàn　　shì yǐ bù yàn　　shì yǐ shèng rén zì zhī bù zì jiàn　　zì ài bù zì

貴.　　故 去 彼 取 此.
guì　　gù qù bǐ qǔ cǐ

사람들은 뭐가 무서운지 모릅니다. 이렇게 겁 없이 하고 싶은 대로 살면 정말 무서운 일이 일어납니다.

내가 사는 곳이 좁지 않습니다. 내가 하는 일을 싫어해야 할 이유가 없습니다. 내 처지를 받아들이면 싫증나지도 않습니다.

성인은 어떻게 살아야 할지 알지만 남들에게 보이진 않습니다. 자기를 사랑하지만 자신이 더 귀하다고 생각하지 않습니다. 성인은 소박하게 살며 처지를 받아들여 이리저리 왔다갔다 하지 않습니다.

当人们不知什么是"害怕"时, 肆无忌惮毫无敬畏地活着, 真正可怕的事情就要来了.

当人们不会对自己所生活的地方感到压抑狭迫, 不会对自己所做的生命感到厌倦, 真正看到和接受我们生存的处境这颗心才不会厌烦, 才平静下来.

所以那找到生活真谛的圣人, 知道如何活下去, 但不会以此自我表现, 圣人爱自己, 但他不认为自己是更宝贵的, 圣人过着朴素自然的生活, 不会在彼和此之间游离徘徊.

人は何が怖いのかわかりません。こんなに怖れを知らず、勝手にしながら暮せば本当に恐ろしい事が起こります。

私が住んでいる所は狭くありません。私がすることを嫌やがる理由がありません。私の境遇を受け入れれば嫌気もさしません。

聖人はどう生きるべきか知っていますが、他人には見せてくれません。自分を愛していますが、自分がもっと貴重だとは思いません。聖人は素朴に生き境遇を受け入れ、右往左往しません。

73

勇 於 敢 則 殺,
용 어 감 즉 살
yǒng yú gǎn zé shā
ゆう お かん そく さつ

勇 於 不 敢 則 活.
용 어 불 감 즉 활
yǒng yú bù gǎn zé húo
ゆう お ふ かん そく かつ

此 兩 者 或 利 或 害.
차 양 자 혹 리 혹 해
cǐ liǎng zhě hùo lì hùo hài
し りょう しゃ わく り わく がい

天
천
tiān
てん

之 所 惡,
지 소 오
zhī sǔo wù
し しょ お

孰 知 其 故?
숙 지 기 고
shú zhī qí gù
じゅく ち き こ

是 以 聖 人 猶 難 之.
시 이 성 인 유 난 지
shì yǐ shèng rén yáo nán zhī
ぜ い せい じん ゆう なん し

天 之 道,
천 지 도
tiān zhī dào
てん し どう

不
부
bù
ふ

爭 而 善 勝,
쟁 이 선 승
zhēng ér shàn shèng
そう じ ぜん しょう

不 言 而 善 應,
불 언 이 선 응
bù yán ér shàn yìng
ふ げん じ ぜん おう

不 召 而 自 來,
불 소 이 자 래
bù zhào ér zì lái
ふ しょう じ じ らい

繟 然 而 善
천 연 이 선
chǎn rán ér shàn
せん ぜん じ ぜん

謀. 天 網 恢 恢, 疏 而 不 失.
모 천 망 회 회 소 이 불 실
móu tiān wǎng hūi hūi shū ér bù shī
ぼう てん もう かい かい そ じ ふ しつ

안 되는 걸 억지로 하면 죽게 되고(殺勇), 하지 말아야 할 것을 용기를 가지고 하지 않으면 삽니다(活勇). 살용殺勇과 활용活勇은 좋고 나쁜 게 섞여 있어서, 하늘이 어느 것을 싫어하는지 누가 알겠습니까? 성인도 하늘의 생각을 알기 어렵습니다.

하늘의 도道는 싸우지 않고도 이기고, 많이 말하지 않아도 호응을 얻고, 부르지 않아도 스스로 찾아오고, 느슨한데도 계획이 잘 짜여 있습니다. 왜 그런지 다 알 수 없지만, 하늘 그물은 성글어도 무엇 하나 빠뜨리지 않습니다.

鼓起勇气强行去做一些事, 就算死了也不在乎. 抱着勇气坚持不去做不该做的事情, 以能活下去. 这两种勇气, 都有好处和坏处. 上天会讨厌其中哪一个呢? 连圣人也难以了解天的心思.

上天的道是—— 不用争斗也能取胜, 不用多说也能得到响应, 无需召唤也能自动过来, 看起来松散, 却铺排筹划得很好. 上天的道, 宽广无边如稀疏的大网, 谁也不可能漏网逃脱的.

できない事を無理やりにすれば死ぬ(殺勇)、やってはならないことを勇気を持ってやらなければ生きます(活勇)。殺勇と活勇は良い事と悪い事が混ざっていて、天がどれが嫌なのかを、誰が分かりますか?聖人も天の考えがわかりにくいです。

天の道(タォ)は戦わずして勝ち、たくさん言わなくても呼応を得て、呼ばなくても自分で訪ねてきて、緩いのに計画が緻密に立てています。なぜなのか全部は分かりませんが、天の網は粗いけどささいなことも漏もらさないです。(天網恢恢疎にして漏らさず)

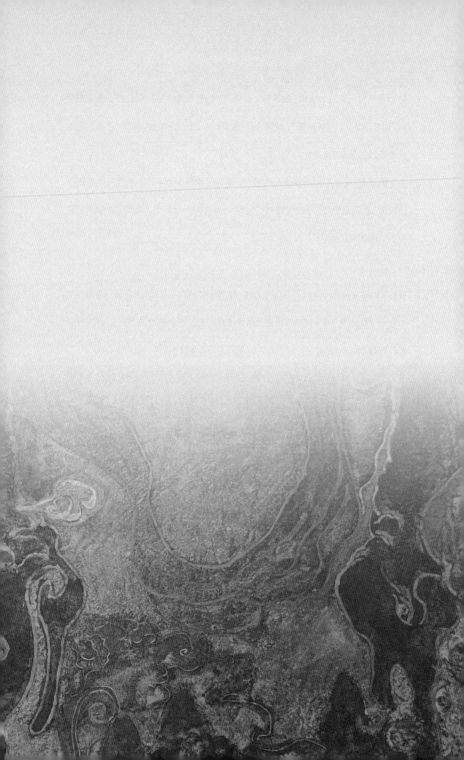

XVIII
天之道損有餘而補不足
74장~79장

하늘의 마음은 활을 당기는 것처럼
높은 것은 낮추고 낮은 것은 당깁니다.

天的心, 像张弓射箭一样, 弦拉高了往下压,
低了就往上举, 拉得过满就松一松, 不足时再拉
一拉.

天の心は弓を引くように,
高いものは低くして低いものは引き上げます

民 不 畏 死,　奈 何 以 死 懼 之?　若 使 民 常 畏 死 而 爲 奇 者,
민 불 외 사　나 하 이 사 구 지　약 사 민 상 외 사 이 위 기 자
mín bù wèi sǐ　nài hé yǐ sǐ jù zhī　rùo shǐ mín cháng wèi sǐ ér wéi qí zhě
みん ふ い し　な か い し く し　じゃく し みん じょう い し じ い き しゃ

吾 得 執 而 殺 之,　孰 敢?　常 有 司 殺 者 殺.　夫 代 司 殺 者
오 득 집 이 살 지　숙 감　상 유 사 살 자 살　부 대 사 살 자
wú dé zhí ér shā zhī　shú gǎn　cháng yǒu sī shā zhě shā　fū dài sī shā zhě
ご とく しつ じ さつ し　じゅく かん　じょう ゆう し さつ しゃ さつ　ふ だい し さつ しゃ

殺,　是 謂 代 大 匠 斲.　夫 代 大 匠 斲 者,　希 有 不 傷 其
살　시 위 대 대 장 착　부 대 대 장 착 자　희 유 불 상 기
shā　shì wèi dài dà jiàng zhúo　fū dài dà jiàng zhúo zhě　xī yǒu bù shāng qí
さつ　ぜ い だい たい しょう たく　ふ だい たい しょう たく しゃ　き ゆう ふ しょう き

手 矣.
수 의
shǒu yǐ
しゅ い

사람들이 죽음을 두려워하지 않게 되면 사형을 시킨다고 해도
누가 겁내겠습니까? 법을 만들어 사형 당하는 걸 두렵게 한 뒤에
못된 짓 하는 놈을 잡아 죽여야 한다고 합니다. '이렇게 죽여도
됩니까?' 죽이는 건 사람이 아니라 '죽음을 다스리는 분인 사살
자司殺者'가 하시는 일입니다. 그분을 대신해서 죽이는 건 '장인
목수인 대목大木'을 대신해서 나무를 깎는 것과 같습니다. 대목
大木을 대신해서 나무를 깎으면 누구라도 손을 다치게 됩니다.

人民若不怕死, 拿死来恐吓他们有什么用?! 常有好事者这么想——以"人怕死"

为依据来制定法律, 抓到为非作歹的人就处死, 看看谁还敢乱来? 其实, 冥冥之中, 已有一位主宰生杀者在这么做了. 那些好事者企图取代他, 如同外行人代替木匠来砍削木头, 这样的人, 少有不砍伤自己的手的.

人が死を恐れなくなると死刑をさせたとしても誰が怖がりますか。法律を作って死刑になることを恐れた後に悪いことをするやつを殺さなければならないと言います。"こんなに殺してもいいですか"殺すのは人ではなく"死を治める方である司殺者"がされることです。その方に代わって殺すのは"匠人の大工である大木"に代わって木を削るようなものです。大木に代わって木を削ると誰でも手をケガするのです。

民 之 饑,　以 其 上 食 稅 之 多,　是 以 饑.　民 之 難 治,　以 其
민 지 기　　　이 기　상 식 세 지 다　　　시 이 기　　　민 지 난 치　　　이 기
mín zhī jī　　yǐ qí shàng shí shùi zhī dūo　shì yǐ jī　mín zhī nán zhì　yǐ qí
みん し き　　い き じょうしょくぜいした　　ぜい き　みん し なん ち　　い き

上 之 有 爲,　是 以 難 治.　民 之 輕 死,　以 其 上 求 生 之 厚,
상 지 유 위　　　시 이 난 치　　　민 지 경 사　　　이 기 상 구 생 지 후
shàng zhī yǒu wéi　shì yǐ nán zhì　mín zhī qīng sǐ　yǐ qí shàng qiú shēng zhī hòu
じょう し ゆう い　ぜい なん ち　みん し けい し　い き じょう きゅう せい し こう

是 以 輕 死.　夫 唯 無 以 生 爲 者,　是 賢 於 貴 生.
시 이 경 사　　　부 유 무 이 생 위 자　　　시 현 어 귀 생
shì yǐ qīng sǐ　fū wéi wú yǐ shēng wéi zhě　shì xián yú gùi shēng
ぜい けい し　ふ い む い せい い しゃ　ぜ けん お き せい

수탈하듯이 세금을 거두면 가난한 사람들은 굶주리게 됩니다.

배고픈 민중을 다스리는 건 어렵습니다.

지배자들이 세금을 가혹하게 거두어 뭔가를 이루려고 하면 다스리기 힘든 상황이 벌어집니다.

민중들이 사는 게 죽는 것보다 더 힘들면 죽음을 가볍게 생각하게 됩니다.

지배자들이 뭔가를 더 해 보려고 하면 민중은 살고 싶은 마음이 없어집니다.

뭔가를 해야 한다고 나서지 않는 사람, 욕망을 가지고 목표를 앞세우지 않는 사람, 그가 더 현명합니다.

人民所以遭受饥荒, 就是由于统治者赋税太多, 饥饿的民众是很难治理的.

如果统治者想通过税收来实现作为, 很难控制的情况就会发生.

统治者做得越多, 民众生活得愈加困难, 甚至轻视死亡.

面对这样的残酷生存现实, 不去强调要做什么, 不去讨论种种人生目标的人, 比在意欲望如何自我实现的人, 会活得更加贤明.

収奪するように税金を取り立てると貧しい人たちは飢えるようになります。飢えた民衆を治めるのは難しいです。

支配者が税金を課して何かを成し遂げようとすると治めにくい状況になります。

民衆が生きることが死ぬことより大変ならば、死を軽く考えるようになります。

支配者が何かをもっとやってみようとすると、民衆は生きる意思がなくなります。

何かをしなければならないと言って煽らない人、欲望を持って自分の目標を掲げていない人、彼がもっと賢明です。

76

人 之 生 也 柔 弱,　其 死 也 堅 强.　萬 物 草 木 之 生 也 柔
인 지 생 야 유 약　기 사 야 견 강　만 물 초 목 지 생 야 유
rén zhī shēng yě róu ruò　qí sǐ yě jiān qiáng　wàn wù cǎo mù zhī shēng yě róu
じん し せい や じゅうじゃく　き し や けん きょう　ばん ぶつ そう もく し せい や じゅう

脆,　其 死 也 枯 槁.　故 堅 强 者 死 之 徒,　柔 弱 者 生 之 徒.
취　기 사 야 고 고　고 견 강 자 사 지 도　유 약 자 생 지 도
cùi　qí sǐ yě kū gǎo　gù jiān qiáng zhě sǐ zhī tú　róu ruò zhě shēng zhī tú
ぜい　き し や こ こう　こ けん きょう しゃ し し と　じゅうじゃく しゃ せい し と

是 以 兵 强 則 不 勝,　木 强 則 兵.　强 大 處 下,　柔 弱 處
시 이 병 강 즉 불 승　목 강 즉 병　강 대 처 하　유 약 처
shì yǐ bīng qiáng zé bù shēng　mù qiáng zé bīng　qiáng dà chǔ xià　róu ruò chǔ
ぜ い へい きょう ぞく ふ しょう　もく きょう ぞく へい　きょう だい しょ か　じゅうじゃく しょ

上.
상
shàng
じょう

사람이 살았을 때는 유연하지만 죽고 나면 뻣뻣하게 굳어 버립
니다.

온갖 만물, 풀과 나무 모두 살아 있을 때는 부드럽지만 죽고 나면
말라서 딱딱해집니다.

굳고 강한 것은 죽은 자들이고, 유연하고 부드러운 것은 산 사람
들입니다.

강한 군대만 가지고는 이길 수 없습니다.

지나치게 강한 나무는 부러지는 것과 같습니다.

강하고 큰 것은 아래로 낮추고, 약하고 부드러운 것을 위로 올릴

수 있어야 합니다.

人们活着的时候是很柔软的, 死了就会僵硬.

所有万物草木都一样, 活着时柔软, 死了干瘪僵硬.

所以, 一切僵硬而强壮的东西是死者, 一切柔软而温柔的是活者.

只拥有强大的军队的话, 是无法取胜的.

像长得过于粗壮的大树一样, 有一天会折断.

凡是强大的, 总是处于下位, 凡是柔弱的, 反而居于上位.

人は生きている時は柔軟ですが、死んだらこちこちと固まってしまいます。

あらゆる万物、草と木、全ては生きてるときは柔らかいですが、死んだら乾いて硬

くなります。

固くて強いのは死者達で、柔軟で柔らかいのは生きている人です。強い軍隊だけ

では勝てません。

過度に強い木は折れるのと同じです。強くて大きいものは下に下げて、弱くて柔ら

かいものを上にあげることができなければなりません。

77

天之道, 其猶 張 弓 與! 高者抑之, 下者擧之. 有餘者
천 지 도 기 유 장 궁 여 고 자 억 지 하 자 거 지 유 여 자
tiān zhī dào qí yóu zhāng gōng yǔ gāo zhě yì zhī xià zhě jǔ zhī yǒu yú zhě
てん し どう き ゆう ちょう きゅう よ こう しゃ よく し げ しゃ きょ し ゆう よ しゃ

損之, 不足者補之. 天之道損有餘而補不足, 人之道
손 지 부 족 자 보 지 천 지 도 손 유 여 이 보 부 부 족 인 지 도
sǔn zhī bù zú zhě bǔ zhī tiān zhī dào sǔn yǒu yú ér bǔ bù zú rén zhī dào
そん し ふ ぞく しゃ ほ し てん し どう そん ゆう よ じ ほ ふ ぞく じん し どう

則 不然, 損不足以奉有餘. 孰能有餘以奉天下? 唯
즉 불 연 손 부 족 이 봉 유 여 숙 능 유 여 이 봉 천 하 유
zé bù rán sǔn bù zú yǐ fèng yǒu yú shú néng yǒu yú yǐ fèng tiān xià wéi
そく ふ ぜん そん ふ ぞく い ほう ゆう よ じゅく のう ゆう よ い ほう てん か ゆい

有道者. 是以聖人爲而不恃, 功成而不處. 其不欲
유 도 자 시 이 성 인 위 이 불 시 공 성 이 불 처 기 불 욕
yǒu dào zhě shì yǐ shèng rén wéi ér bù shì gōng chéng ér bù chǔ qí bù yù
ゆう どう しゃ ぜい い せい じんい じ ふ し こう せい じ ふ しょ き ふ よく

見賢.
견 현
jiàn xián
けん けん

하늘의 마음은 활을 당기는 것처럼 높은 것은 낮추고 낮은 것은
당깁니다.

남는 것을 덜어서 부족한 것을 메웁니다.

하늘의 도는 여유로운 것을 덜어서 부족한 것에 더해 균형을 맞
추기 때문입니다.

사람의 도는 이렇지 않습니다.

없는 사람들의 것을 가져다 남아 도는 데다 바칩니다.

어떻게 해야 많이 가진 사람이 나누게 할 수 있겠습니까?

차고 나면 기우는 하늘의 도道를 아는 것밖에는 없습니다.

하늘의 도道를 아는 성인은 자기를 자랑할 마음이 없어 그가 이룬 것을 자기 것으로 하지 않습니다.

성공하더라도 그 자리에 남아 있지 않습니다.

그는 차고 나면 기우는 하늘의 도道를 알기 때문입니다.

天的心, 不是很像张弓射箭吗?

弦拉高了往下压, 低了就往上举, 拉得过满就松一松, 不足时再拉一拉.

天道, 是减少有余, 补给不足来保持平衡的.

但人道常常不这么做, 常把穷人的东西拿来奉献给充裕的地方.

谁能有余就拿出去呢? 唯独有道的人.

所以, 圣人做事不依仗有能力, 事成了不视为自己的功劳, 不会居功处位, 也不让人称赞自己有才能.

天の心は弓を引くように高いものは低く、低いものは引き上げます。

残るものを取り除いて足りないもにを埋め合わせます。

天の道(タオ)は余裕のあることを減らして足りないことに加え、均衡を取りますからです。

人の道(タオ)はこうではありません。

何もない人々のものを持ってきて余っている上に捧げます。

どうすればたくさん持った人が分かち合うのでしょうか。満ちれば傾く天のタオを知るしかありません。

天のタオを知る聖人は自分を自慢する気がありません。彼が成し遂げたことを自分のものにはしません。成功してもその場に止まりません。

彼は満ちれば傾く天のタオを知っているからです。

78

天 下 莫 柔 弱 於 水,　而 攻 堅 强 者,　莫 之 能 勝,　以 其 無
천 하 막 유 약 어 수　이 공 견 강 자　막 지 능 승　이 기 무
tiān xià mò róu ruò yú shǔi　ér gōng jiān qiáng zhě　mò zhī néng shèng　yǐ qí wú
てん か も じゅう じゃく お すい　じ こう けん きょう しゃ　も し のう しょう　い き む

以 易 之.　弱 之 勝 强,　柔 之 勝 剛,　天 下 莫 不 知,　莫 能
이 역 지　약 지 승 강　유 지 승 강　천 하 막 부 지　막 능
yǐ yì zhī　ruò zhī shèng qiáng　róu zhī shè gāng　tiān xià mò bù zhī　mò néng
い い し　じゃく し しょう きょう　じゅう し しょう ごう　てん か も ふ ち　も のう

行.　是 以 聖 人 云,　受 國 之 垢,　是 謂 社 稷 主,　受 國 不
행　시 이 성 인 운　수 국 지 구　시 위 사 직 주　수 국 불
xíng　shì yǐ shèng rén yún　shòu gúo zhī gòu　shì wèi shè jì zhǔ　shòu gúo bù
こう　ぜ い せい じんろん　じゅ こく し こう　ぜ い しゃ しょく しゅ　じゅ こく ふ

祥,　是 謂 天 下 王.　正 言 若 反.
상　시 위 천 하 왕　정 언 약 반
xiáng　shì wèi tiān xià wáng　zhèng yán rùo fǎn
しょう　ぜ い てん か おう　せい げん じゃく はん

세상에 물보다 부드럽고 약한 것이 있겠습니까?

그런데도 물은 강하고 견고한 것을 이길 수 있습니다.

강하고 견고한 것을 이기는 데 물을 대신할 수 있는 것은 없습니다.

약하고 부드러운 것이 강하고 견고한 것을 이깁니다.

사람들은 물의 힘을 알지만 이렇게 살지는 못합니다.

성인께서는 이렇게 말하셨습니다.

"나라의 허물을 뒤집어쓰고, 나라의 궂은일을 떠맡는 사람이 사직社稷에 제사 드릴 수 있고, 왕이 될 수 있습니다."

정언약반正言若反, 사람들이 생각하는 것과 반대로 말하는 것은 역설逆說 속에 진리가 있기 때문입니다.

天下哪有比水更柔弱的?

但是攻坚克强的事情, 没有什么东西能够替代水.

柔软胜刚强的道理, 人们没有不知道的, 却无一能实行的.

所以, 圣人会如此说——为国受辱的, 是社稷之主; 为国承难的, 是天下之主; 正话反说, 因悖论中有真理.

世の中に水より柔らかくて弱いものがありますか。それでも水は強く堅固なものに勝つことができます。

強い堅固なものに勝つのに水の代わりになるものはありません。弱くて柔らかいものが強く堅固なものを勝ちます。人は水の力を知っていますが、このように生きることはできません。

聖人はこうおっしゃいました。

"国の過ちを被り、国の厄介な仕事を引き受ける人が社稷に祭祀することができ、王になることができます。"

正言若反、人々が考えることと逆に言うのは逆説の中に真理があるからです。

(正言は反すが如し。)

79

和 大 怨,　必 有 餘 怨.　安 可 以 爲 善?　是 以 聖 人 執 左 契,
화 대 원　필 유 여 원　안 가 이 위 선　시 이 성 인 집 좌 계
hé dà yuàn　bì yǒu yú yuàn　ān kě yǐ wéi shàn　shì yǐ shèng rén zhí zuǒ qì
わ たい えん　ひつ ゆう よ えん　あん か い い ぜん　ぜ い せい じん しつ さ けい

而 不 責 於 人.　有 德 司 契,　無 德 司 徹.　天 道 無 親,　常 與
이 불 책 어 인　유 덕 사 계　무 덕 사 철　천 도 무 친　상 여
ér bù zé yú rén　yǒu dé sī qì　wú dé sī chè　tiān dào wú qīn　cháng yǔ
じ ふ せき お じん　ゆう とく し けい　む とく し てつ　てん どう む しん　じょう よ

善 人.
선 인
shàn rén
ぜん にん

깊은 원한은 화해하더라도 한恨이 남습니다.

이게 어디 잘한 일이라고만 할 수 있겠습니까?

성인은 원한 자체를 만들지 않기 위해 빚문서를 가졌더라도 독촉하지 않습니다.

성인은 빚진 사람을 돕지만 덕이 없는 이들은 잔혹합니다.

하늘은 누구를 더 사랑하지 않습니다.

그가 선한 사람이라도 마찬가지입니다.

단지 선한 사람이 하늘과 함께 걷는 것입니다.

结下了深仇大恨, 虽然能够和解, 还是会残留余怨.

虽能以德报怨, 但这哪里算得上妥善的方法呢?

因此, 圣人为了不制造怨恨, 即使有借据也不会催促.

有德之人明白只是欠债而已, 不追讨.

而无德之人却会依据不饶人.

但是, 上天不会特别爱任何人, 也是以其恒常不变的无私面对善人的.

只是, 善人沿着上天的路行走.

深い恨みは仲直りしても恨みは残ります。

これをいいことだとだけ言えますか。

聖人は恨み自体を作らないために、借金の文書を持っていても督促しません。聖

人は借金のある人を助けますが、徳のない人々は残酷です。

天は誰かを偏愛はしません。彼が善良な人でも同じです。

ただ善良な人が天と一緒に歩んで行くだけです。

XIX
小國寡民
80장~81장

자율적인 시민들이 구성한 효율적인
나라

小小政府, 自在国民.
自律的な市民たちが構成した効率的な国.

80

小 國 寡 民.　使 有 什 佰 之 器 而 不 用.　使 民 重 死 而 不
소 국 과 민　사 유 십 백 지 기 이 불 용　사 민 중 사 이 불
xiǎo gúo guǎ mín　shǐ yǒu shén bǎi zhī qì ér bù yòng　shǐ mín zhòng sǐ ér bù
しょう こく か みん　し ゆう じゅう う し き じ ふ よう　し みん じゅう し じ ふ

遠 徙.　雖 有 舟 輿,　無 所 乘 之.　雖 有 甲 兵　無 所 陳 之.
원 사　수 유 주 여　무 소 승 지　수 유 갑 병　무 소 진 지
yuǎn xǐ　suī yǒu zhōu yú　wú sǔo chéng zhī　suī yǒu jiǎ bīng　wú sǔo chén zhī
えん しょう　すい ゆう しゅう よ　む しょ しょう し　すい ゆう こう へい　む しょ ちん し

使 人 復 結 繩 而 用 之.　甘 其 食,　美 其 服,　安 其 居,　樂 其
사 인 부 결 승 이 용 지　감 기 식　미 기 복　안 기 거　락 기
shǐ rén fù jié shéng ér yòng zhī　gān qí shí　měi qí fú　ān qí jū　lè qí
し じん ふく けつ じょう じ よう し　かん き しょく　び き ふく　あん き きょ　らく き

俗.　隣 國 相 望,　鷄 犬 之 聲 相 聞,　民 至 老 死 不 相
속　인 국 상 망　계 견 지 성 상 문　민 지 노 사 불 상
sú　lín gúo xiàng wàng　jī quǎn zhī shēng xiàng wén　mín zhì lǎo sǐ bù xiàng
ぞく　りん こく そう ぼう　けい けん し せい そう もん　みん し ろう し ふ そう

往 來.
왕 래
wǎng lái
おう らい

자율적인 시민들이 효율적인 나라를 구성한 소국과민小國寡民의
사회에서는 수십 명, 수백 명이 할 일을 혼자서도 할 수 있는 기
계가 있다 해도 쓰지 않습니다.

국민들은 죽음을 두렵고 중요한 일이라고 생각합니다.

그래서 위험한 길을 걸어 멀리 이사 가거나 떠나는 일이 없습니다.

소국과민小國寡民의 나라에서는 여러 사람이 탈 수 있는 배와 차
가 있어도 타지 않습니다.

전쟁이 일어나면 방어전을 위해 갑옷과 무기를 가지고 있지만 쓸 일이 없습니다.

소국과민小國寡民의 사람들은 노끈을 매듭지어 셈을 하고, 맛있게 먹고, 예쁜 옷을 입고, 소박하고 편안한 집에서 살고, 세시풍속을 따라 즐거움을 함께 누리며 삽니다.

이웃 나라가 서로 보일 정도이고 닭 우는 소리, 개 짖는 소리가 들릴 정도로 가까워도 사람들은 늙어 죽음이 올 때까지 자기 삶에 만족하고 서로 오고가지 않습니다.

小小政府, 自在国民.

即使有各种机器, 但是谁也不会使用它.

国民们爱惜生命, 不轻易冒险去做事, 就算有船有车, 也不会想着迁徙到别的地方去.

为了背署战争而预备着的盔甲军队, 平日里无事可做.

人们再次回归远古结绳记事般质朴的状态之中, 吃得香甜, 穿得漂亮, 住在简朴舒适的房子里, 按照岁时风俗, 一起庆典, 享受欢乐.

邻国人们可以彼此亲近, 鸡叫狗吠可以听得到, 但是, 虽然住得近, 人们至老到死满足于自己的生活, 不会想着去奔波往来于他处.

自律的な市民が効率的な国を構成した、小国寡民の社会では、数十人、数百人の

仕事をたった一人でもできる機械があると言っても使いません。

国民は死を恐れ大変なことだと思います。

だから、危険な道を歩いて遠くへ引っ越したり、離れることはありません。

小国寡民の国では多くの人が乗れる船と車があっても乗りません。

戦争が起きても、防衛戦のために鎧と武器を持っていても、使うことはありません。

小国寡民の人は紐を結び付けて計算をし、おいしく食べ、きれいな服を着て、素朴

で安らかな家で暮らし、歳時の風俗を楽しみながら暮らしています。

隣国が互いに見られるほどで、鶏の鳴き声、犬の吠える声が聞こえるほど近くても

人は老いて死ぬまで、自分の人生に満足し、行き来しません。

81

信言不美, 美言不信. 善者不辯, 辯者不善. 知者不博, 博者不知. 聖人不積. 旣以爲人, 己愈有. 旣以與人, 己愈多. 天之道, 利而不害. 聖人之道, 爲而不爭.

신언불미, 미언불신. 선자불변, 변자불선. 지자부박, 박자부지. 성인부적. 기이위인, 기유유. 기이여인, 기유다. 천지도, 이이불해. 성인지도, 위이부쟁.

진실이 담긴 말은 가식적이지 않고 아름답게 꾸민 말은 믿을 수 없습니다.

훌륭한 사람들은 약간 눌변訥辯이고, 말을 잘하는 사람은 그 말을 다 믿을 수 없습니다.

안다는 것은 이것저것 주워들은 박학한 것이 아니고 많이 안다는 것이 꼭 알고 있는 것은 아닙니다.

성인은 쌓아 두지 않습니다.

그는 사람들을 위해 나누며 살지만 그 자신의 삶도 넉넉해집니다.

세상을 위해 나누는데 가지는 게 더 많아집니다.

하늘은 한쪽을 이롭게 하더라도 다른 쪽을 해치지 않습니다.

성인께서도 한쪽만 위해 주고 다른 쪽과 싸우지는 않습니다.

(하늘과 성인은 한쪽은 좋게 하고 다른 쪽은 나쁘게 하는 게 아니라 모두

에게 유익한 길을 찾을 수 있습니다.)

可信的话不华美, 华美的言语不可信.

良善的人不需要多加巧言, 健谈的人不一定可以信任.

真正懂得的, 不会卖弄所知.

知识广博的, 不一定真正懂.

圣人不为自己积攒些什么, 一切都为了世人去分享, 自己随之也活得很充实.

他尽力给予别人, 自己的人生反而更丰富.

上天即使给利益给某一方, 也不会伤害另一方.

所以圣人虽爱一方, 也不会因此去争夺另一方.

圣人和天道是一致的, 让万事万物都得到爱.

可信的话不华美, 华美的言语不可信.

良善的人不需要多加巧言, 健谈的人不一定可以信任. 真正懂得的, 不会卖弄所

知. 知识广博的, 不一定真正懂.

圣人不为自己积攒些什么, 一切都为了世人去分享, 自己随之也活得很充实. 他

尽力给予别人, 自己的人生反而更丰富.

上天即使给利益给某一方, 也不会伤害另一方. 所以圣人虽爱一方, 也不会因此

去争夺另一方.

真実の込められた言葉は飾り気なく美しく飾った言葉は信じられません。

立派な人はやや訥弁で、話し上手な人はその言葉を全部は信じられません。

知ってることはあれこれ聞きかじった博学ではなくてたくさん知っているということが必ずしも知っているわけではありません。

聖人は積んでおかないです。

彼は人のために施しながら暮していますが、彼自身の人生も豊かになります。

世の中のために施し尽くしながら自分はますます充実になります。

天は一方を有利にしても他方を害しません。

聖人も一方に味方する事をしないし、片方と喧嘩もしないです。

(天と聖人は一方は良くして他方は悪くするものではなく、皆に有益な道を見つけることができます。)

에필로그: 표지 그림 '현빈의 문[玄牝之门]' 작가노트

나는 용의 후예…

이 오래된 주문은, 중국인이라면 어릴 적부터 마음 속에 되뇌이는 말입니다.

하지만 최근에 이르러서야, 저는 정말 이 말이 의미하는 것이 무엇인지 알게 되었습니다.

전설과 신화 속의 용이 천천히 꿈틀거리며 저의 영혼 속으로 스며들어 존엄성과 뼈를 떠받치고 뿌리 박게 합니다.

고통스럽고 당황스러운 꿈과 현실의 경계 속에서, 삶의 견디기 어려운 시험 속에서, 저는 어쩌면 용이라는 신에게 주문을 외고 있었는지 모릅니다.

수많은 사람들 속에서 저는 그날의 공자와 마찬가지로 용과 같은 스승을 찾고 있었습니다.

그해, 공자는 노자를 만났지요. 그는 감탄했습니다. 드디어 용을 만났다.

그리고 만년에 이르러선 도덕경의 원천을 찾는 길인—주역을 연구합니다.

위편삼절(韋編三絕)은 그가 몰입하며 미쳐가던 한 과정입니다.

저는 공자처럼 갈망했습니다.

역(易)과 도(道)의 한가운데에서 용과 함께 뛰놀며, 하늘의 지혜에 가닿았습니다.

저는 그 지혜의 문, 대도의 문, 현빈(玄牝)의 문에 들어가기를 간절히 기도했습니다.

'현빈의 문[玄牝之門]' 작품은 이렇게 시작되었습니다.

'현빈의 문'은 암채화(岩彩畫)라 불리는 고대미술 기법을 활용했습니다.

원시 채색 도기, 마왕퇴백화, 둔황벽화, 당나라 채색화에 이르기까지 널리 활용된 기법입니다.

후기 중국 송, 원나라 이후 유행하기 시작한 문인수묵화와는 전혀 다른 방식입니다.

암채화는 다양한 재료와 풍부한 색을 활용합니다. 광물 색깔, 오색토, 모래 등 땅의 재료를 통해, 또한 벽화라는 특성상 색을 겹겹이 칠하며 완성됩니다. 암채화는 창작자가 대자연에서 직접 재료를 구합니다. 저의 "신토불이(身土不二)" 생태 사상과 이어집니다.

산과 들에서 돌과 흙을 모아오고, 색깔을 직접 가공했습니다. 자연과 직접 만나면 가르침의 소리가 들려 옵니다. 하늘과 땅과 용이라는 스승의 가르침입니다. 그것은 끝없이 드넓고 부드러운 천지 마음입니다. 저의 그림을 통한 공부 '이화오도(以画悟道)'입니다.

2021년 8월 13일 중국 항저우에서 천바이비(陈白贲)

【玄牝之门】创作谈

我是龙的传人。

这句话是作为中国人从小就默念的老话, 但直到最近这些年, 我才真正意识到, 龙对我究竟意味着什么。神话传说中的龙, 慢慢活了, 它潜入了我的灵魂, 撑起了我的骨架, 我的尊严。在难以承受的梦境的悲痛中, 在生命考验的难题中, 我不知不觉地默念着神龙的名字, 龙就来到我的身边, 龙必将护佑我, 龙已经从一种文化图腾真正内化成为了我内心的信仰。

在人群中, 我像当年的孔子一样, 在寻找着像龙一样的老师。当年, 孔子见到老子, 感叹说, 终于见到了龙, 他祈请道的智慧, 从而

晚年之时开始溯源道德经之源泉——易经,研读之痴迷到达了韦编三绝的程度。我渴慕如孔子那般,在易道中与龙同游,得到上天的智慧。难以言及的终极智慧,本源性的智慧,道家称之为玄牝,我祈请可以进入玄牝的智慧之门,那就是大道的门。这就是这副画作的构思初心。

《玄牝之门》的创作方法使用了一种古老的技法,称之为岩彩画。其历史可追溯至上古原始彩陶、马王堆帛画、敦煌壁画、唐代重彩,它与后期中国宋元之后崛起的文人水墨画完全不同,具有多元的材料与丰富用色,主要使用矿物色、五色土、沙子和岩石等大地自然材料,通过壁画创作方法多次叠色而成。岩彩画的材料特性重视到大自然中就地取材,这与我个人"身土不二"的生态理念十分契合,需要创作者花费很多体力和时间准备绘画材料,身体力行去荒野中采集岩石,自己制作加工有色土和矿物颜料,这个过程本身就是在聆听到自然之教诲,天地龙师的教诲。以此过程中感应苍莽博大的天地之情,这正是我想要走的一条"以画悟道"的路径。

2021年8月13日 陈白賁在杭州。

【玄牝之门】作品の説明

「私は竜の末裔です」

これは中国では誰もが知る故事ですが私は最近になり、この言葉の真意を理解しました。中国の神話や伝説の中で登場する竜がうごめきながらゆっくりと私の魂の中に入り込み私の精神と肉体を支えているのです。夢と現実の狭間で、人生の厳しい試練の中で、私はいつもこの故事を繰り返していましたが、竜は私の中に入り込み中国古来の文化から私信へと変化しました。

私は在りし日の孔子のように竜のような師を探しています。孔子は老子に出会い、感銘を受けました。晩年は老子道徳経の源泉を探ろうと、易経を研究します。「韋編三絶」ということわざは孔子が易経を何度も繰り返し読んだので、その書を綴ったなめし皮のひもが何度も切れたという逸話から生まれた言葉でかれの酔狂さが窺えます。

「玄牝之門」は岩彩画と呼ばれる古代美術で用いられた技法を活用しています。原始彩色陶器、魔王退白画、敦煌壁画、唐の彩

色画に至るまで広く用いられた技法です。宋、元の時代以降に広まった文人水墨画とは異なる様式を用いています。岩彩画は様々な材料と豊富な色を使います。鉱物の色や五色土、砂など土の素材を活用し、壁画という特性上色を幾重にも塗り仕上げます。この絵の画材も私が自然の中で採取したものを使用しました。これは私の「身土不二」の思想にも繋がります。

野山から石と土を採取し、色彩を施しました。自然の中で採取をしていると教えの声が聞こえます。天と土と龍の教えです。それはとても広大で柔らかな天地の心です。私の絵を通した学び「以画悟道」です。

2021年8月13日 中国杭州において チョンバイビ（陈白貢）

아름다운 세 언어, 동아시아 도덕경

등록 1994.7.1 제1-1071
1쇄 발행 2021년 12월 10일

지은이 김재형 고석수 천바이비
펴낸이 박길수
편집장 소경희
편 집 조영준
관 리 위현정
디자인 이주향
마케팅 조영준
펴낸곳 도서출판 모시는사람들
　　　　03147 서울시 종로구 삼일대로 457 (경운동 수운회관) 1207호
전 화 02-735-7173, 02-737-7173 / 팩스 02-730-7173

인 쇄 피오디북(031-955-8100)
배 본 문화유통북스(031-937-6100)
홈페이지 http://www.mosinsaram.com/

값은 뒤표지에 있습니다.
ISBN 979-11-6629-065-7　　03140